일 이 되 게 하 는 생 각 정 리 법

생각   하고
계획   하고
일   하라

WorkFlowy

일이 되게 하는 생각 정리법
생각하고 계획하고 일하라 WorkFlowy

Copyright ⓒ 2019 by Youngjin.com Inc.

1016, 10F. Worldmerdian Venture Center 2nd, 123, Gasan digital 2-ro, Geumcheon-gu, Seoul, Korea 08505

ISBN 978-89-314-5957-9

독자님의 의견을 받습니다.
이 책을 구입한 독자님은 영진닷컴의 가장 중요한 비평가이자 조언가입니다. 저희 책의 장점과 문제점이 무엇인지, 어떤 책이 출판되기를 바라는지, 책을 더욱 알차게 꾸밀 수 있는 아이디어가 있으면 팩스나 이메일, 또는 우편으로 연락주시기 바랍니다. 의견을 주실 때에는 책 제목 및 독자님의 성함과 연락처(전화번호나 이메일)를 꼭 남겨 주시기 바랍니다. 독자님의 의견에 대해 바로 답변을 드리고, 또 독자님의 의견을 다음 책에 충분히 반영하도록 늘 노력하겠습니다.

이메일 : support@youngjin.com
주 소 : (우)08505 서울시 금천구 가산디지털2로 123 월드메르디앙벤처센터2차 10층 1016호 (주) 영진닷컴 기획1팀
파본이나 잘못된 도서는 구입하신 곳에서 교환해 드립니다.

STAFF
저자 홍순성 | **총괄** 김태경 | **진행** 김연희 | **디자인·편집** 인주영
영업 박준용, 임용수 | **마케팅** 이승희, 김다혜, 김근주, 조민영 | **제작** 황장협 | **인쇄** 제이엠

어느 날 문득 나는 잘하고 있는 걸까? 라는 생각이 불현듯 들었다. 머릿속은 복잡하고 할 일은 하루하루 쌓여만 갔다. 그렇다고 매출이 늘거나 비즈니스가 성장하는 것은 아니었다. 이 상황을 극복하기 위한 해결책으로 하루 계획을 작성하기 시작했다. 하루 계획으로 할 일 목록과 아이디어를 작성하고 무엇이 어떻게 진행되는지 매일같이 날짜를 입력하고 기록했다.

디지털 시대가 되면서 정보의 과잉 현상으로 직장인들에게 필요한 것 중 하나가 바로 생각 정리다. 세계적인 기업 컨설턴트 리사 보델은 '심플, 강력한 승리의 전략' 책에서 지금은 "일이 많은 게 아니라 복잡해서 바쁠 뿐이다"라고 말했다. 업무가 복잡해지면서 업무의 양이 많아지고 이는 업무의 질을 저하시킨다. 이 말을 뒤집으면, 일을 단순화하면 업무의 질이 향상되고 보다 쉽게 일할 수 있다는 의미다.

복잡한 머릿속을 단순하게 정리하는 최고의 방법은 생각 정리다. 이것은 머릿속에 흩어져 있는 아이디어, 하루 계획, 문제점 등을 파악하고 스스로 그 속에서 해결 방안을 찾도록 도와준다.

10년이 넘는 시간 동안 꾸준히 책을 집필할 수 있었던 원동력은 바로 '생각하고 계획하고 일하라'라는 마음가짐 덕분이다. 특히 이번 책은 10번째라 의미가 더 크다.

'생각하고 계획하고 일하라'는 일과 삶을 주도적으로 이끌고 싶은 사람들, 특히 늘 성장하고 싶은데 생각 정리가 안 돼 능률이 오르지 않는 이들에게 많은 도움이 될 것이라고 확신한다.

하나, 생각하기

생각을 머리로만 하지 말고 노트나 디지털 도구에 기록한다. 기록한 내용을 눈으로 보고 생각을 업데이트하는 것이 중요하다. 이것은 간단하지만 놓치기 쉬운 부분이다.

아이디어는 마르지 않는 샘물과 같다. 기록하고 사용하고 실행할수록 또 다른 아이디어가 떠오른다. 이때 그냥 지나쳐 버리지 말고 변화의 기회로 삼아야 한다. 당장은 실현되지 않는다 해도 현재의 생각을 기록하는 습관을 들이면 가까운 미래에 만족할 만한 결과를 얻게 될 것이다.

둘, 계획하기

계획을 세우기만 해도 일과 시간이 통제되어 시간 도둑에게 시간과 집중력을 빼앗기지 않는다. 이는 나의 퇴근 시간을 지켜 준다. 하루 계획을 세울 때 중요한 것은 할 일 목록이다. 할 일 목록을 작성한 후 일을 분석하고 중요하지 않거나 불필요한 일은 제한하며, 중요도에 맞게 우선순위를 결정해서 진행한다. 모든 일에는 작업 시간을 파악해야 정해진 시간에 일을 마칠 수 있다.

셋, 일하기

기획이 필요한 일은 프로세스에 적용해 하나씩 실행하는 것이 효율적이다. 아무리 크고 복잡한 일이라고 해도 쪼개서 하나씩 실행하면 실패하지 않는다.

브라이언 트레이시의 책 '성공, 목표에 집중하라!'에서는 '성공은 임무를 시작해 끝까지 완수해 내는 능력의 결과다'라는 구절이 나온다. 임무를 처리하기 위한 작은 일들을 완성해 나가면 큰 성공을 이룰 수 있다는 의미다. 이처럼 작은 성공을 만들기 위해서는 일을 성공할 수 있도록, 실패하지 않게 작게 만들어서 실행하도록 한다. 스스로 일에 대한 부담감을 줄이고 체계적인 절차에 따라 일을 실행한다면 개인의 성장은 물론 원하는 목표에 근접할 수 있다.

나는 생각 정리 도구로 WorkFlowy(워크플로위)를 선택했다. 목록형으로 되어 있어 아이디어를 정리하기 편하고 컴퓨터과 모바일 모두에서 사용할 수 있어 언제, 어디서나 쓸 수 있다. 또한 목록은 따로 설정하지 않아도 실시간 작업으로 정리할 수 있는 유연함을 가지고 있다.

에반 윌리엄스(미디엄, 트위터 설립자)는 "워크플로위는 지금까지 사용해 본 그 어떤 목록 작성, 노트 앱보다 내 머리 구조에 잘 들어맞는다"라고 언급했다. 슬랙 CEO인 스튜어트 버터필드는 "내 머릿속에 그린 아이디어를 구체화하고자 워크플로위를 이용하기 시작했다"라고 한다.

워크플로위와의 인연은 최고의 행운이었다.

생각 정리를 통해 일과 삶에 도움을 받고 꾸준히 성장할 수 있는 밑거름을 만들 수 있었다.

1년 동안의 기록으로 한 권의 책을 집필하고 두 개의 강의 주제를 만들었다. 기록이란 좋은 습관은 오늘도, 내일도 반복된다.

2018년 11월 부암동에서 홍순성

차례

Chapter 01 · '생각', '정리', '도구'

시간과 돈을 부르는 '생각', '정리' 그리고 '도구' ·························· 012
생각 정리의 가치는 무엇인가 • 012 / 생각 정리는 삶을 변화시킨다 • 019

제대로 된 생각 정리는 일하는 법을 개선한다 ························· 023
생각을 '제대로' 정리하는 방법 • 023 / 생각 정리 프로세스 • 024

생각 정리가 주는 변화 ······································· 031
생각 정리가 주는 3가지 효과 • 031 / 생각 정리가 주는 어려움 극복 방법 • 033

생각 정리 습관을 들이는 5가지 실행 원칙 ······················· 034
생각 정리 습관을 기르는 실행 원칙 • 034

생각 정리에는 어떤 도구들이 있을까? ·························· 037
나에게 꼭 맞는 생각 정리 도구는? • 037 / 마인드맵과 워크플로위의 차이점은? • 039

`Chapter 02` **생각 정리 – 효과적으로 아이디어 작성하기**

아이디어 유용하게 작성하기 ··· 042
아이디어를 효율적으로 만드는 프로세스 · 043 / 아이디어가 떠오른 그 순간, 기록하라 · 044

아이디어가 커지는 공간 발견하기 ··· 047
아이디어는 하루 계획 공간에 함께 작성한다 · 048 / 아이디어가 자라는 공간, 워크플로위 · 051

스스로 질문하며 아이디어 확장하기 ··· 053
아이디어를 확장하는 질문 방법 · 053 / 질문으로 문제 해결하기 · 057 / 질문으로 장기 계획 짜기 : 3년
후 계획 세우기 · 059

쌓인 아이디어에서 원석 찾기 : 프로젝트 만드는 방법 ················· 061
쌓인 아이디어가 돈이 된다 · 066 / 쌓인 아이디어가 책이 된다 · 072

키워드로 정리하는 머릿속 생각 정리 ··· 074
머릿속 생각 정리가 어려운 이유 · 074 / 키워드로 머릿속 비우기 · 075

`Chapter 03` **하루 계획 – 체계적인 할 일 목록 만들기**

워라밸을 완성하는 하루 계획 만들기 ··· 082
하루 계획을 위한 저장소 선택하기 · 085 / 매일같이 세운 계획이 1년이면 700개가 된다 · 087

하루 계획을 세우는 5가지 단계별 프로세스 ·································· 090
할 일 목록 · 093 / 제한하기 · 096 / 우선순위 · 097 / 작업 시간 · 101 / 작업 완료 · 103

체계적인 하루 계획 작성하기 ··· 105
할 일 목록은 언제 세우는 것이 좋을까? · 105 / 어떻게 작성하는지에 따라 결과는 달라진다 · 106 /
하루를 진취적으로 만드는 일기 쓰기 · 112

태그로 관리하는 할 일 분류 방법 ··· 113
효율적인 검색을 위한 태그 사용하기·114

하루 계획을 작성하고 실행하는 5주 차 프로젝트 ··························· 118
1주 차 – 매일같이 날짜별 기록 습관 시작·120 / 2주 차 – 전주 히스토리 파악과 작업 순서 작
성·121 / 3주 차 – 동일한 주제를 연결하는 태그 작업·122 / 4주 차 – 태그 기반으로 자료 구
분·123 / 5주 차 – 나만의 하루 계획 방식을 발견하다·125

Chapter 04   실행하기 – 실패하지 않게 일하기

일을 실패하지 않게 만드는 5가지 단계 ··· 130
① 일을 쪼개기 – 스몰 스텝·131 / ② 기획 작업·133 / ③ 문제 제기·136 / ④ 검증 작업·138 /
⑤ 실행하기·139

'스몰 스텝'으로 일을 쪼개기 ·· 140
한 번에 처리할 수 있도록 일 나누기·140 / 스몰 스텝으로 신규 프로젝트 제작하기·142

'기획 작업'으로 일을 분석하기 ·· 145
체계적인 분석을 위한 433 원칙·146 / 육하원칙으로 기획하고 실행하기·150

'문제 제기(질문)'로 해답 찾기 ··· 153
문제 제기로 얻어지는 것들·155 / '왜', '어떻게'를 사용한 문제 제기 방법·157

'검증 작업'을 위해 자료 조사하기 ··· 161

Chapter 05   실전 – '제대로' 일하는 법

신규 강좌 – 모두가 만족하는 강의 기획 방법 ······························· 166
기획하기·170 / 목차 구성과 자료 조사·173 / 강의 슬라이드 작업·175

책 쓰기 – 원하는 주제로 책 쓰는 방법 ·· **177**
기획 작업·180 / 집필 과정·190 / 검증 작업·193

회의 진행 – 모두에게 유용한 회의 진행과 작성법 ··························· **196**
회의 주제와 참석자·199 / 회의 주제 설명을 위한 기획안 작성·199 / 회의 진행 후 정리·201

팟캐스트 – 인기 있는 콘텐츠 제작하고 운영하기 ··························· **202**
방송 주제·205 / 운영하기·207 / 제작하기·209

Chapter 06   워크플로위 사용법

생각 정리의 필수품, 워크플로위란 무엇인가? ····························· **212**
워크플로위의 특징·213 / 에버노트는 수집, 워크플로위는 생각 정리·216 /
에버노트 vs 워크플로위·218

회원 가입과 설치하기 ··· **219**
회원 가입하기·220 / 컴퓨터와 모바일 앱 다운로드·221 / 무료 vs 유료·223

컴퓨터와 스마트폰 메뉴 주요 기능 ··· **227**
컴퓨터 주요 기능·228 / 스마트폰 주요 기능·235

목록 작성과 태그, 키워드 검색을 하는 법 ·································· **241**
목록 작성하기·242 / 나에게 맞는 태그 사용하기·244 / 태그 활용을 높이는 인덱스 태그 만들기·248 / 검색 창에 숨겨진 검색 기능 찾기·251 / 검색을 잘하는 방법·254

워크플로위를 잘 사용하기 위해 알아야 할 기능 ··························· **257**
펼쳐진 목록을 보기 편하게 닫는 방법·257 / 원하는 목록을 상하 이동시키는 방법·261 / 사용하고 있는 전체 목록 수 알아보기·262 / 자주 사용하는 목록을 즐겨찾기 하기·264 / 워크플로위를 공유하는 방법·266 / 워크플로위를 공유받는 방법·271 / 무료 버전 백업 방법·273 / 유료 버전 백업 방법·277

'생각', '정리', '도구'

매일 들고 다니는 몰스킨, 스마트폰 메모장, 에버노트, 구글 드라이브 등 다양한 곳에 '작성'을 하지만 그것이 전부다. 아무런 활용 없이 '의미를 잃은 채' 쌓여만 간다. 작성할 당시에는 번뜩이는 생각이었겠지만, 발견되지 못하면 쓸모가 없을 뿐이다. 정리 없이 무작정 쓰여진 것들은 단지 불필요한 데이터로 남는다. 하지만 제대로 정리된 생각들, 이렇게 쌓인 생각들을 잘 활용하면 변화를 위한 아이템으로 만들 수 있다.

시간과 돈을 부르는 '생각', '정리' 그리고 '도구'

생각 정리의 가치는 무엇인가?

생각 정리의 가치는 복잡한 머릿속을 단순하게 정리하는 것에 있다. 머릿속에 흩어져 있는 아이디어는 물론 오늘 해야 할 일, 앞으로 해야 할 일, 진행하고 있는 업무 등을 파악하고 체계적으로 실행시켜 원하는 결과를 만들어 낸다. 이는 개인의 성장에 큰 밑바탕을 만드는 아주 중요한 작업이다.

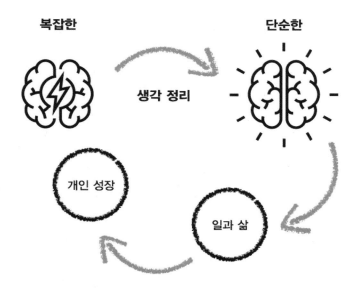

복잡한   단순한

생각 정리

개인 성장

일과 삶

      나 또한 생각 정리를 제대로 시작하기 전에는 단지 으레 해야 하는 일로만 여겼지 그에 대한 중요도는 크게 생각한 적이 없었다. 하지만 생각 정리의 중요성을 깨닫고 3년 동안 체계적으로 한 결과, '개인'과 '업무', '일상' 모든 것이 달라지게 되었다. 생각 정리는 개인을 성장시키는데 탄탄한 기초 자료가 되면서 변화를 구축하는데 큰 힘이 된다. 학생은 미래의 목표를 설계할 수 있고 직장인은 하고 있는 업무를 개선할 수 있으며, 사업가와 리더는 비즈니스 성장에 커다란 도움을 받는다.

특히 삶의 큰 변화를 이끌어 내는 것은 '하루 계획'이다. 하루 계획은 할 일 목록을 만들고 관리하며 일을 해결해 가는 방법을 찾게 한다. 나는 아래와 같은 문제에 여러 번 맞닥뜨리면서 하루 계획의 중요성을 알게 되었다.

2016년 6월 어느 날 아침이었다. 오늘 처리해야 하는 할 일 목록은 10개로, 지난주부터 어제까지 처리하지 못한 것이 5개였다. 오늘도 그 일을 처리하지 못하면 내일은 10개가 넘는 목록이 쌓인다. 매일매일 새로운 일은 늘어나고 예상치 못한 일들까지 중간중간 끼어들어 업무는 이미 포화 상태다. 쌓여 가는 일 때문에 업무 스트레스는 날로 커져만 갔다. 그렇다고 생산성 도구를 사용하지 않은 것은 아니다. 구글 드라이브와 에버노트, To-do 툴까지 업무에 도움이 될 만한 여러 프로그램을 이미 사용하고 있지만 복잡해진 일을 해결하는 데 도움이 되지 못하는 상황이다. 도대체 왜, 무엇이 문제일까?

위와 같은 상황을 헤쳐 나가기 위해 어떤 것이 문제인지, 해답은 무엇인지 작성하기 시작했다.

〈문제점〉

① 머릿속은 계속 복잡해지고 업무 스트레스 강도는 매우 높다.

② 할 일이 계속 쌓이는데도 오늘 어떤 일을 더 추가할지 생각한다.

③ 작업 시간을 고려하지 않는다. 결국 하루 일하는 시간을 예측하지 못해 오버워크 overwork가 일어난다.

④ 일의 분석이 떨어지고 계획대로 되지 않다 보니 계속해서 일을 미루게 된다.

⑤ 일을 끝까지 완료하지 못한다.

〈해결책〉

① 생각 정리로 단순함을 찾아야 한다.

② 하지 말아야 할 것을 파악해야 한다.

③ 작업 시간과 마감 시간을 파악하고 해야 할 일을 제한한다.

④ 하루 계획 작성과 꾸준한 자료 기록이 답이다.

⑤ 일을 쪼개는 방법을 통해 실패하지 않게 일하는 법을 찾는다.

'지금의 문제점을 어떻게 해결해야 삶이 나아질까?'란 고민을 가지고 다양한 각도에서 생각을 하다가 먼저 가장 실행하기 쉬운 '기록'부터 하기 시작했다. 단순한 기록이 아닌 오늘부터의 변화를 만들기 위해 하루 계획을 작성했으며, 할 일을 나열하기보다는 기록이 해답을 가지고 있다는 생각을 하면서 매일같이 습관적으로 머릿속 내용을 모두 작성했다.

이렇게 2016년 6월부터 꾸준히 작성하기 시작한 결과, 그해 연말에 나만의 일하는 방법을 찾을 수 있었다. 정리한 내용을 토대로 작업의 효율이 늘어나면서 그날 목표했던 작업을 마치는 것은 물론, 시간을 만들어 새로운 일도 시작할 수 있었다.

하루 계획은 지금도 계속 작성하고 있다. 2016년 처음 시작했을 때보다 많이 개선되어 이제는 효율과 성장을 극대화할 수 있는 생각 정리 프로세스를 직접 만들어 적용하고 있다. 생각 정리 프로세스를 통해 일하는 방법을 익히게 되면서 일의 양은 늘었지만 작업 시간은 줄고 매출은 오히려 성장했다. 구체적으로 생각 정리를 하면서 달라진 것은 대략 11가지다.

〈달라진 점〉

① 삶이 단순해졌다.

② 효율적으로 일하는 법을 찾았다. 일하는 시간이 줄면서 남은 시간에 새로운 도전을 하게 되었다.

③ 생각 정리는 스스로가 성장하도록 도와준다. 대표적으로 비즈니스가 크게 성장하였다.

④ 강사 활동에도 변화가 일어났다. 강의 주제가 기존 2개에서 7개로 늘었다. 덕분에 매출도, 책 집필 주제도 늘었다.

⑤ 아이디어 작성으로 1천만 원 이상의 매출이 늘었다. 아이디어를 활용하면서 나온 결과다. 이제는 쌓인 아이디어로 책도 집필하고 강의, 컨설팅도 하고 있다. 이는 앞으로 점점 더 늘어날 예정이다.

⑥ 책 집필 과정이 단축되면서 출간 속도가 빨라졌다. 올 초까지 총 9권을 출간했으며 앞으로 하반기에 1권, 내년에도 2권을 출시할 예정이다. 다양한 변화에 대한 도전으로 집필 주제 또한 늘게 되었다.

⑦ 팟캐스트 운영이 1개에서 2개로 늘었고 2018년에는 유튜브도 시작했다.

⑧ 실패하지 않게 일하는 법을 배웠다. 꾸준하게 성장하고 있기 때문에 시도한 일은

성공과 가까워진다.

⑨ 하루 계획을 세우고 이룰 수 있게 되었다. 이를 통해 장기적으로 시간 관리와 목표 관리가 가능해졌다.

⑩ 일기를 꾸준히 작성하면서 스스로 성장할 수 있게 되었다. 글쓰기 실력도 쌓이면서 앞으로 에세이 책에 도전할 예정이다.

⑪ 일하는 공간이 자유로워지면서 디지털 노마드의 삶을 살아가고 있다.

이 밖에도 생각 정리는 스트레스를 해결한다. 머릿속이 혼란스러울 때 일단 수첩이나 스마트폰에 무작정 적기 시작한다. 해야 할 일이 머릿속에서 나오는 순간, 스트레스 수치는 급격히 낮아진다. 엉킨 일들을 하나씩 나열하면서 생각이 단순해지고 스트레스가 줄어드는 것이다. 또한 문제를 해결한다. 목록을 적으면서 뒤죽박죽된 생각들을 정리하게 되고 이렇게 정돈된 생각을 통해 문제의 해결책을 발견할 수 있다. 마지막으로 집중력을 높여 준다. 일의 집중력을 높임으로써 일을 효율적으로, 빨리 끝낼 수 있다. 목록을 로드맵으로 활용하면 목표점을 잃지 않고 계속 집중할 수 있다.

생각 정리는 삶을 변화시킨다

매일 들고 다니는 몰스킨, 스마트폰 메모장, 에버노트, 구글 드라이브 등 다양한 곳에 '작성'을 하지만 그것이 전부다. 작성할 당시에는 번뜩이는 생각이었겠지만, 필요할 때 찾을 수 없으면 쓸모가 없을 뿐이다. 정리 없이 무작정 쓰여진 것들은 단지 불필요한 데이터로 남는다. 하지만,

'제대로 정리된 생각들, 이렇게 쌓인 생각들은 변화를 위한 아이템이 된다.'

특히 나는 기본 메모장을 뛰어넘는 편리함과 가벼움을 가진 '워크플로위WorkFlowy를 사용하면서 큰 변화가 생겼다. 워크플로위는 영역 구분 없이 모두 목록(아이템)으로만 구성되어 있다. 목록을 작성하고 그 목록 아래에 하위 목록을 만들며 생각을 정리하고 뻗어 나갈 수 있어 생각 정리 도구로써 안성맞춤이다.

- **[2013 ~ 년도] 주요 계획**
- **[2016년도] 10년차, 10년을 정리하다**
- **[2017년도] 11년차, 새롭게 다시 성장**
- **[2018년도] 12년차, 한단계 성장 하자**
  - ***[plan]** 할일(to-do)*
    ...
    - ***[Goal]** 2018 계획 11가지*
      ...
    - ***[Goal]** 홍소장 3개년 계획*
      ...
    - ***[Goal]** 2018년 3가지만 이루자*
    - #0100 - 퇴근카페, 에버노트개정판
    - #0200 - 워크기업강좌, 팟캐스트100위권
    - #0300 - 워크강좌확대, 책쓰기오픈

워크플로위에 아이디어를 작성하면서 주 작업 영역인 책 주제와 강의 자료들이 다양하고 많아졌다. 강의 기획의 경우 아이디어를 외부에서 찾는 것이 아니라 작성한 것 중에 발견하고 이를 통해 프로젝트로 만들어 새로운 수익을 올린다. 지난 해에는 쌓인 아이디어로 프로젝트를 진행하면서 1천만 원 이상의 매출을 올렸다. 올해도 해당 주제로 대기업 컨설팅을 하고 있다. 다양한 생각과 경험이 쌓이면서 더욱더 가치 있는 데이터로 만들고 있다.

작성한 아이디어의 효율을 깨닫게 된 건 2017년부터이다. 2017년 3월, '나는 1인 기업가다' 책을 출간한 후 그 효과를 제대로 느낄 수 있었다. 책 집필을 위해 수집한 대량의 데이터를 관리하면서 어떻게 수집하고 구분해야 효율적인지 답을 알게 되었다. 하루에 한두 개씩 일주일, 한 달이 지나면서 수십 개로 늘어나는 자료를 구분하고 관리하기 위해 워크플로위의 태그 기능을 사용하여 '@ps노트'를 만들었다. 이 태그는 '나는 1인 기업가다' 책을 쓰면서, 쓰고 난 후에도 넣지 못한 내용이 생각날 때마다 기록하는 일명 '추신 노트'다. 이 태그는 아직까지도 사용하고 있다.

출간 이후 쌓인 것이 150개, 출간 전 내용까지 합하면 300개가 넘는다. '@ps노트' 태그를 보면서 작성한 내용 중 비슷한 내용은 묶어서 한곳으로 이동시키는 카테고리 작업을 한다. 이후 해당 주제로 강좌를 만들고 영상 프로젝트를 하는 등 다양한 분야로 일을 뻗어나가고 있다.

- **[PS노트]1인기업 출간 후 못다한 이야기** @PS노트
  - **1)일의 가치를 확대하다(일이란 무엇인가?)**
    - 좋아하는 일을 하고 살려면 더 치열하라(기사 참조) @생존
    - 주변에서 사람 좀 소개시켜 달라는 분들이 있어 소개해 주고 나보니 잘되는 사람과 그렇지 않은 사람이 있어 왜 그런가 이유를 찾아봤다. 누구의 문제이고, 어떻게 풀어야 하는가? 결국 1인 기업가에게 이런것도 필요하다 @영업
    - 1인기업 관계관리가 중요하다 @관계
    - 공수표를 날리는 사람이 있다.(공수표를 날리지 마라) @자기관리
  - **2)나의 직업을 만들다**
  - **3)관리와 실행(운영)**
  - **4)성공과 실패**

'@ps노트' 태그를 사용하면서 강의 주제의 폭이 더 넓어졌다. '직업 바꾸기, 30만 원 프로젝트'라는 주제로 시작하여 꾸준하게 확대하면서 최근에는 '100세 인생 전략, 직업 찾기'라는 주제로 MBC TV 특강도 진행했다. 또한 컨설팅과 책 작업에서도 그 주제가 다양해졌다. 올해는 대기업에서 '100세 인생 전략'을 컨설팅 중이다. 초반은 '직업 바꾸기'라는 키워드로 시작했지만 점차 '100세 인생'으로 확대하였다. 현재는 100세 인생을 전략으로 한 책을 집필하고 있다.

제대로 된 생각 정리는 일하는 법을 개선한다

생각을 '제대로' 정리하는 방법

'생각은 많은데 왜 일에는 적용하지 못할까?'
'생각 정리를 하고 있는데 왜 효율이 높아지지 않을까?'

이유는 간단하다. 작성은 많지만 활용이 크지 않기 때문이다. 아이디어가 많아도 '제대로' 정리하고 사용하지 않으면 무용지물일 뿐이다. 차곡차곡 쌓인 과거의 자료는 미래를 변화시키는 커다란 원동력이 된다. 이것을 토대로 새로운 기획을 하고 프로젝트를 진행하며, 책을 쓰는 등 현재를 뛰어넘는 효율과 가치를 얻을 수 있다.

생각 정리로 수집한 데이터의 사용을 높이려면 하고 있는 일과 프로젝트 위주로 생각하고 작성해야 한다. 나는 '책 쓰는 주제', '새로운 프로젝트', '팟캐스트', '유튜브', '일상 라이프' 등 여러 유형을 정한 후 생각을 정리하고 자료를 수집한다.

정리한 생각들을 일에 적용하려면 기록에만 머무르지 않고 계획과 실행으로 이어지도록 작성해야 한다. 예를 들어 신규 프로젝트를 진행하기 위해서는 우선 해당 주제를 '생각'하고 분석한 후 '계획'을 통해 시간을 할당한다. 이후 본격적인 '실행' 작업을 위해 시간 관리와 일하는 방법을 정해야 한다. 이처럼 '생각-계획-실행'이라는 큰 틀에서 일을 꼼꼼하게 분석하여 진행해야 한다.

생각 정리 프로세스

'생각-실행-계획'을 프로세스화하여 진행하면 다음과 같은 효과를 얻을 수 있다.

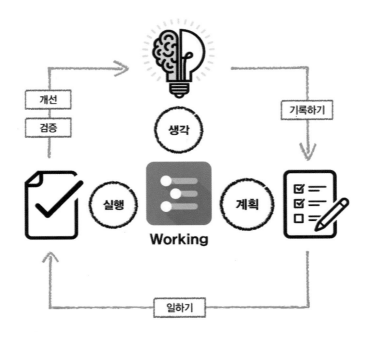

첫째, 생각 정리

생각 정리는 기초적인 단계이지만 가장 중요한 부분이다. 정리한 데이터를 사용하여 다양한 신규 업무를 진행할 수 있다. 생각 정리를 함으로써 일을 미루는 습관이 줄어들고 실행 과정이 간단해진다. 이는 개인을 성장시키는 탄탄한 기초 자료가 된다.

둘째, 계획 관리

여기서의 계획은 일을 분석하는 개념이다. 먼저, 해야 할 일과 하지 말아야 할 일을 정하고 다음으로 일의 우선순위를 정한다. 일의 속성을 파악해서 작업 시간 측정이 완료되면 정확한 시간 관리와 목표 관리를 할 수 있다.

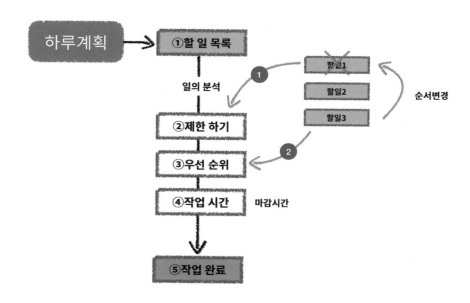

① 할 일 목록

계획을 세우는 이유는 일의 효율을 높이기 위해서다. 계획은 할 일과 시간을 통제한다. 할 일 목록을 만들고 언제, 어떻게 실행할지 결정한다.

② 제한하기

일의 효율을 높이기 위해서는 하루에 처리해야 할 '할 일'을 제한하고 최대한 일에 집중하는 방법을 찾아야 한다. 다시 말해 중요하지 않은 일에 한눈을 팔지 않는 방법을 찾아야 한다. 처리할 수 있는 시간보다 더 긴 시간을 사용하거나, 중요도 낮은 일에 시간을 쓰지 않는다면 일을 빨리 마무리할 수 있고 여유 시간을 가질 수 있다. 적당한 제한선을 긋고 필요한 것에 집중해야 한다.

③ 우선순위

모든 일을 처리해야 한다는 강박관념을 버리지 못하면 일은 절대 줄어들지 않는다. 일의 핵심 분석을 통해 덜 중요한 일은 줄이고 중요한 일 위주로 작업을 해야 한다. '내가 가장 중요하게 생각하는 것은 무엇인가(일, 관심 분야)?', '내 목표는 무엇인가?', '나는 어떤 것을 좋아하는가?', '어떤 것이 가장 큰 효과를 가져다 주는가?' 등으로 분석해서 찾도록 한다.

④ 작업 시간

할 일과 작업 시간을 명확하게 분석해야 한다. 작성한 할 일 목록을 토대로 일을 정확히 분석한 후 시간 배분을 한다. 만약 할 일 목록에 5가지 일이 있다고 하면 해당 일을 모두 처리하는데 들어가는 시간을 파악해야 하루 계획이 명확해진다. 할 일 목록이 너무 많아 처리하지 못하는 오버 워크는 만들지 않도록 한다.

⑤ 작업 완료

모든 작업이 끝나고 나면 작업을 완료한다. 일을 마쳤다는 의미이기도 하다.

셋째, 실행하기

일을 풀어가는 방법이다. 일은 단순한 일도 있지만 복잡한 일도 있으며, 손쉽게 풀 수 있는 일이 있는 반면에 여러 번의 시행착오를 겪으며 진행되는 일도 있다. 다양한 일의 특성에 따라서 효율적으로 처리하기 위해서는 일을 분석하여 작업 과정을 이해하고 풀어가야 한다.

실행은 계획을 통해 일을 분석한 후 진행한다. 이를 통해 이전에 했던 일인지, 새로운 일인지, 할 수 있는 일인지 등을 파악하고 작업 범위와 시간, 위임 등에 따라 일을 쪼개는 작업을 한다.

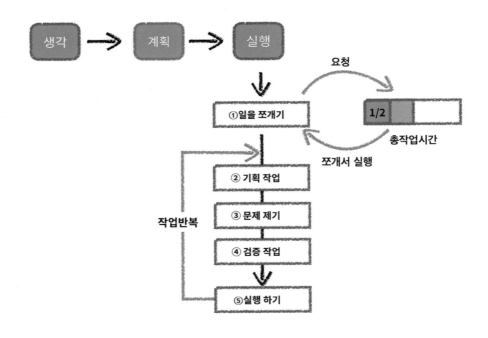

① 일을 쪼개기

일을 작게 쪼개는 작업이다. 할 일을 계속 반으로 나눠 실패할 수 없을 정도로 작은 일로 만든 다음 할 일 목록에 넣고 실행한다.

② 기획 작업

일에 있어 기획 작업은 매우 중요하다. 복잡한 작업뿐만 아니라 단순한 작업을 반복적으로 진행하는 것 조차도 최소한의 기획이 필요하다. 제안서, 프로젝트, 강의 기획, 책 쓰기 등 본인이 해야 하는 기획 작업을 시작한다.

③ 문제 제기

문제 제기는 여러 사람들과의 회의, 토론 등 타인의 다양한 의견을 듣고 해당 주제를 객관적으로 파악하여 문제를 해결하는 방법을 스스로 할 수 있도록 축소한 것이다. 해당 주제에 대해서 궁금하거나 다른 의견, 문제점 등의 모든 내용을 글로 작성한다. 문제 제기를 통해 문제를 파악하고 해결 방법을 찾을 수 있다.

④ 검증 작업

문제점을 파악했다면 이후 해당 내용에 대해 답을 찾기 위한 자료 조사를 진행한다. 문제 제기를 반복하면서 일을 충분히 검토한 후 개선하는 방법을 찾도록 한다.

⑤ 실행하기

말 그대로 실행이다. 한 번의 프로세스로 모든 일이 마무리되는 것이 아니라 프로세스를 반복하면서 완성한다.

생각 정리가 주는 변화

생각 정리가 주는 3가지 효과

생각 정리는 나를 변화시키는 '돈이 들지 않는' 효율적인 도구이다. 생각 정리를 잘하는 것만으로도 생산성은 상상 이상으로 높아진다.

첫째, 머릿속을 비울 수 있다.

생각 정리를 하면 머릿속 기억에 대한 부담을 줄일 수 있다. 또한 여러 가지 생각으로 복잡했던 머릿속을 가볍게 만들 수 있다. 머릿속 생각을 비우는 즉시 뇌 기능이 향상되는 것도 특징인데, 이로써 새로운 생각을 채울 수 있는 공간이 만들어진다.

둘째, 작성과 동시에 머릿속이 구조화된다.

쓰는 행위를 통해 머리가 바로 구조화된다. 내용의 상하관계를 체계화하는 동안 생각이 정리되고 새로운 아이디어도 떠오른다. 기록은 실행과 확장을 만드는 가장 기초 단계이다. 머릿속으로만 생각하기보다 눈에 보이고 손에 잡힐 수 있도록 작성한다. 생각의 작성은 아이디어를 구조화해서 실행하도록 도와준다.

셋째, 생각을 작성하면 자연스럽게 부족한 부분이 해결된다.

생각(문제)을 작성하고 나면 무엇이 부족한지 알게 된다. 부족한 것에 대한 답을 찾기 위해서 자연스럽게 스스로 질문을 하면서 해답을 발견해 나갈 수 있다.

　생각 정리는 일상의 많은 것을 변화시킨다. 나는 매일 워크플로위에 아침저녁으로 하루 계획, 아이디어 등 떠오르는 생각들을 작성한다. 이 목록들은 자연스럽게 할 일이 되고 곧바로 실행으로 연결된다. 생각 정리만 제대로 하더라도 하고 있는 업무를 효율적으로 관리할 수 있다. 작업하고 있는 업무를 단순화해서 원하는 목표에 쉽게 도달할 수 있도록 하며, 머릿속이 복잡하고 무엇을 먼저 해야 할지 모르거나, 생각 자체가 불분명할 때 정확한 방향성을 제시해 준다. 이메일에 답변을 달기 전, 미팅을 하기 전, 회의를 하기 전에 정리한 생각을 미리 목록으로 작성하면 보다 명확하게 나의 의견을 피력할 수 있다. 정확하게 나의 생각을 전달할 수 있으니 상대방도 대화 주제를 쉽게 파악할 수 있다. 일하는 과정에서의 생각 정리는 서로 간의 생각을 빠르게 전달할 수 있게 만든다.

생각 정리가 주는 어려움 극복 방법

처음 생각 정리를 시작하면 두 가지 어려움에 직면한다. 하나는 기록하는 습관이고 나머지는 생각하는 것 자체이다. 초반에는 기록하는 것이 익숙하지 않아 생각에 머무르고 말 수 있다. 또한 기록을 시작했다고 하더라도 단순한 기록 수준에 그칠 수 있다. 생각을 할 때에는 한 줄 정도에 그치지 않게, 주제에 대해 깊이 있게 생각하고 작성하는 습관을 가지도록 한다. 그리고 기록한 것을 꾸준히 다시 보고 정리하는 습관을 기르도록 한다. 이것은 하루아침에 쉽게 가질 수 있는 것이 아니다. 모든 것을 다 기록하겠다는 마음가짐으로 출발하기 보다는 천천히 시간을 두고 하나씩 만들며, 작성한 것을 다시 살펴보는 시간을 가지는 것부터 시작해 보도록 하자.

생각 정리 습관을 들이는 5가지 실행 원칙

생각 정리 습관을 쉽게 갖지 못하는 이유 중 하나는 '좋은 경험'이 없기 때문이다. 기록은 기록일 뿐, 이를 통해 얻는 것이 크지 않다 보니 며칠 작성하다가 흐지부지되기 마련이다. 또한 습관이 들지 않아서 쌓이는 데이터가 적고 활용이 낮아 그 효과를 깨닫지 못한다. 특히 아날로그에서 만들어진 기록은 내용이 분산되어 있고 같은 주제의 내용을 모아서 보기가 힘들기 때문에 더욱더 관리가 어렵다.

생각 정리 습관을 기르는 실행 원칙

생각 정리 습관을 들이기 위해 무작정 적기만 하지 말고 다음의 프로세스를 활용하여 차근차근 시작하도록 하자.

① 생각을 기록하라.

머릿속 생각을 생각만으로 끝내지 말고 텍스트로 작성하라. 생각의 정리는 물론 확장까지 가능하다. 생각으로 끝나는 것이 아니라 보다 구체적인 생각을 하게 된다.

② 생각을 연결하라.

각각의 생각을 모두 연결해서 활용하라. 디지털 도구를 사용한 연결은 아날로그보다 훨씬 효과적이다. 워크플로위의 경우 키워드와 태그 등으로 비슷한 생각들을 연결할 수 있으며, 연결을 통해 새로운 주제의 기획을 할 수 있다. 여러 개의 아이디어가 연결되어 새로운 일을 만들고 그 효과를 증대시킨다.

③ 생각을 정리하라.

연결된 생각을 한곳에 수집해서 정리하라. 흩어져 있는 생각을 한곳에 수집하면 생각지도 못한 새로운 가치가 생산된다. 이때 모아두기만 할 것이 아니라 분류하라. 목차

나 키워드를 사용해 분리하다 보면 특정 주제로 취합되거나 쌓인 정보를 쓸모 있는 것으로 만들 수 있다.

④ 생각을 활용하라.

쌓인 정보를 가지고 활용하라. 모은 생각들을 프로젝트, 기획, 책 쓰기 등으로 재가공할 수 있다. 계속 확장해서 사용을 늘리도록 한다. 사용을 늘리면 생각도 커지고 가치도 커진다. 활용을 하지 않으면 기록은 멈추게 된다. 나에게 이로운 방법을 찾아 좋은 경험을 계속 늘려라. 더 큰 자산으로 만들 수 있다.

⑤ 생각을 반복하라.

생각을 반복해서 원하는 것을 만들어라. 원하는 것을 이루는 좋은 경험을 반복해서 만든다. 반복을 하기 위해 기록하고 기록한 것들을 검색과 키워드로 꾸준하게 연결하는 작업을 쉬지 않는다. 필요한 것이 있다면 지금 준비하는 것이 아니라 준비되어 있는 것을 찾아 사용해야 한다.

생각 정리에는 어떤 도구들이 있을까?

나에게 꼭 맞는 생각 정리 도구는?

생각 정리 도구는 다양한 것이 존재한다. 언제나 항상 함께하고 있는 수첩부터 오랫동안 사용했던 마인드맵, 에버노트, 이제는 워크플로위까지 다양한 기능을 가진 도구들이 생각 정리를 도와주고 있다. 그러나 아무리 유용한 도구가 있다고 해도 나에게 적합하지 않으면 무용지물이다. 또한 나에게 알맞은 도구를 발견했다고 하더라도 꾸준히 사용하지 않으면 그 가치는 발현되지 못한다. 중요한 것은 지속적인 행동과 그 행동이 만들어 낸 산물을 한곳에 모아 활용도를 최대한으로 높이는 것이다.

생각 정리 도구로써 가장 쉽게 접근할 수 있는 것은 아날로그 수첩이다. 하지만 수첩은 모든 것을 적기에 무리가 있으며 추후 적었던 내용을 복습하고 찾아내는 과정에 한계가 있다. 이럴 때에는 사진을 찍어 저장한 후 디지털로 옮기는 작업을 통해 아날로그와 디지털을 연결하여 사용한다.

생각 정리의 대표 주자인 마인드맵도 주요 도구 중 하나이다. 마인드맵은 방산형 방식으로 특정 주제에 대해서 보다 체계적으로 풀어낼 수 있어 여러 분야의 전문가들이 사용하고 있다. 새로운 아이디어를 구상하거나 원하는 주제를 정리할 때 효과적이다.

마인드맵의 가장 큰 장점은 인간의 사고방식을 그대로 옮겨 놓았다는 것이다. 무엇인가를 기록하려고 할 때 분류를 하거나 큰 영역에서 작은 영역으로 내려가는 톱다운 top-down 방식을 사용하는데, 마인드맵은 이것에 있어 가장 직관적인 도구이다. 최근에는 스마트폰에서 쉽게 사용할 수 있어 여전히 인기 있는 도구 중 하나로 굳건히 자리를 지키고 있다.

마지막으로 생각 정리를 목록(리스트) 형태로 할 수 있는 워크플로위가 있다. 워크플로위는 아웃라이너 프로그램으로서 목록 형태로 작성한다. 그 밖에 옴니아웃라이너, 구글 킵, 에버노트 등 다양한 도구가 존재한다.

마인드맵과 워크플로위의 차이점은?

마인드맵과 워크플로위의 차이는 확장성에 있다. 마인드맵이 한 그루 나무에서 여러 개의 가지를 만드는 형태라면 워크플로위는 많은 나무를 만들어 숲을 이룰 수 있도록 관리한다. 워크플로위에서 '태그'는 숲 속에서 공통점이 있는 나무를 찾거나 종류별로 살펴볼 수 있게 하는 기능이다. 여러 가지 작업을 동시에 해야 하거나 단계가 복잡하고 많은 참고 자료들이 필요한 일이라면, 태그를 통해 관련 자료들을 쉽게 분류하고 빠르게 찾을 수 있다.

Mind map(마인드맵)
→ 한 그루의 나무
가지와 가지 연결

WorkFlowy(워크플로위)
→ 수많은 나무가 있는 숲
목록과 하위 목록

이 책은 아웃라이너 프로그램이 가진 장점에 대해서 소개하며, 이것을 사용해 생각 정리를 효과적으로 하는 방법을 알려 준다. 워크플로위는 그중에 하나이다. 이 툴은 트리 구조로 되어 있어 생각을 목록으로 작성할 수 있다. 수첩에 작성하듯이 동일한 방식으로 사용하다 보면 간단하게 익힐 수 있다. 워드나 일반적인 도구에서 볼 수 있는 글머리 기호(-) 방식과 동일해서 쉽게 적응할 수 있다.

생각 정리 – 효과적으로
아이디어 작성하기

—

아이디어 기록은 흩어져 있는 원석을 한곳에 모으는 것과 같다. 아이디어는 하고 있는 일은 물론 책 쓰기와 강의 기획, 프로젝트 등으로 확대하여 활용할 수 있다. 여기서는 이러한 아이디어를 아날로그와 디지털 도구를 사용해 효과적으로 작성하는 방법과 쌓인 아이디어를 효율적으로 분류하고 관리하는 방법을 소개한다.

아이디어 유용하게 작성하기

습관을 들여 생각날 때마다 틈틈이 아이디어를 작성하지만 실행되지 못하는 경우가 많은가? 그렇다면 구체화된 아이디어로 만들지 못해서이다. 달리 말해, 충분한 자료가 쌓이지 못했다는 의미다. 아이디어를 작성할 때에는 단어나 간단한 문장 정도로 끝내지 말고 아이디어가 확장될 수 있도록 자세히 쓰고 지속적으로 내용을 추가해야 한다. 이 책도 아이디어가 쌓여 만들어진 산물이다. 시작은 3~4줄 정도였지만 지속적으로 살을 붙여 아이디어를 쌓다 보니 어느새 100개, 200개로 늘어나게 되었다. 처음에는 강의 주제와 소책자가 되더니, 이러한 것들이 모이고 다양한 사례가 추가되어 300개가 넘어가면서 한 권의 책으로 만들어질 수 있었다.

이처럼 아이디어 몇 개로는 좋은 결과물을 만들기 쉽지 않다. 그것은 단지 기초 자료가 될 뿐, 확대하고 현실화하려면 꾸준히 아이디어를 작성하는 것은 물론 아이디어를 구축하는 프로세스를 통해 습관을 들여야 한다.

아이디어를 효율적으로 만드는 프로세스

아래의 프로세스를 따라 하면서 아이디어를 효율적으로 작성해 보도록 하자.

① 즉시 메모한다.

생각날 때 바로바로 기록한다. 꾸준한 기록과 습관이 중요하다.

② 한 줄 이상 작성한다.

한 줄 작성은 무의미하다. 적어도 하단에 3줄 정도 작성하며 왜, 무엇, 어떻게 등 구체적인 내용을 넣도록 한다.

③ 태그를 작성한다.

아이디어 영역을 구분하기 위해 아이디어를 작성한 후 태그를 넣는다. 한 가지가 아닌 여러 주제의 아이디어를 함께 작성하면서 관리한다.

④ 한곳에 수집한다.

모든 내용을 한 공간에 수집해서 전체 내용을 살펴본다. 무슨 내용이 있는지 보면서 각각의 주제에 대해 보다 깊이 생각한다.

⑤ 분류한다.

한곳에 수집한 내용 중 충분한 내용이 쌓인 주제는 별도로 모아 다른 곳(그 주제만이 담긴 한 공간)으로 이동시킨다. 분류한 후에는 해당 주제로 무엇을 할지 판단한다. 쌓인 것을 토대로 일을 진행하려 할 때 부족한 부분이 있다면 내용을 살핀 후 추가하도록 한다.

아이디어가 떠오른 그 순간, 기록하라

아이디어는 생각날 때 바로 기록해야 한다. 아주 단순한 원칙이지만, 이 원칙을 놓치면 아이디어와 영영 헤어지는 경험을 할 수도 있다. '나중에 작성해야지'라는 안일한 생각은 아이디어에게 이별을 고하는 것과 같다. 모든 것을 잊고 난 뒤에 기록은 무의미하다.

기회의 신 카이로스는 앞머리만 있고 뒤통수는 대머리이다. 무궁무진한 가능성이 숨겨져 있는 아이디어는 곧 기회라고 볼 수 있다. 이처럼 기회는 온 순간 바로 잡지 않으면 다신 잡을 수 없이 빠르게 사라져 버리고 만다.

Francesco de' Rossi 작품

일전에 부산 강좌가 잡혀서 열차를 타러 간 적이 있다. 서울역에서 열차를 타기 위해 계단을 내려가는 도중 번뜩, 아이디어가 떠올랐다. 한 손에는 커피, 다른 쪽에는 가방을 들고 있어 계단을 내려가서 아이디어를 작성하려고 했는데, 그만 내려가는 도중 아이디어를 까먹고 말았다. 아무리 생각하려고 해도 떠오르지가 않아 아이디어가 떠오른 계단을 몇 번이나 왔다 갔다 했지만 결국 생각나지 않아 포기하고 말았다. 짧은 시간에 아이디어를 까먹은 내가 어이없기도 하고 답답하기도 해서 그 자리에서 웃지 않을 수가 없었는데, 그 뒤부터는 아이디어가 떠오를 때마다 무조건 적는 버릇이 생겼다.

이제는 아이디어가 생각나면 가던 길도 멈춘다. 어쩔 수 없는 상황을 제외하고는 대부분은 멈춰서 기록한 후 이동하고 한 줄의 아이디어 보다는 시간을 내서라도 생각날 때 많이 적으려고 한다. 단순하게 적은 아이디어는 나중에 실현될 가능성이 적을 뿐더러, 훗날 다시 읽었을 때 왜 이것을 작성했는지 이해가 안 되거나 별로 효율적이지 않다고 생각할 수 있기 때문이다. 다시 꺼내어 봤을 때 조금만 손보면 사용할 수 있도록 가능한 내용을 많이 채워 넣는다. 그렇다고 하여 명확한 사고 없이 구구절절 작성은 추천하지 않는다. 주요 키워드 위주로, 여러 목록으로 기록하는 것이 좋다.

아이디어는 마르지 않는 샘물과 같다. 기록하고 사용하고 실행해도 또다시 새로운 것이 떠오른다. 하지만 마르지 않는다고 하여 떠오른 아이디어를 그냥 지나쳐 버리면 변화할 수 있는 기회를 놓치고 만다. 당장은 실현할 수 없어도 현재의 생각들을 적는 행위를 반복한다면 가까운 미래에 자신이 원하던 모습이 눈앞에 나타날 것이다.

아이디어가 커지는 공간 발견하기

날것 그대로의 머릿속 생각을 꺼내기에 안성맞춤인 아날로그 도구와 머릿속 생각을 체계적으로 관리할 수 있는 디지털 도구를 함께 사용하면 아이디어를 효과적으로 확장시킬 수 있다.

〈아날로그 도구〉

- 포스트잇
- 작은 수첩

〈디지털 기록 도구〉

- 컴퓨터 메모장
- 에버노트
- 구글 킵
- 워크플로위

이때 가장 중요한 것은 아무리 좋은 도구라도 매일 사용하지 않으면 무의미하다는 것이다. 한두 번의 기록이 아닌, 꾸준히 지속하여 작성해야 하고 나중에 활용하기 위해 보다 체계적인 시스템을 마련해야 한다.

나는 수첩에 작성할 때에는 삼색 볼펜을 사용한다. 검정색은 떠오르는 생각을 적고 빨간색은 중요 포인트를 표시한다. 파란색은 부연 설명을 작성한다. 빨간색으로 표시 되지 않은 것은 중요도가 낮다는 것을 의미하기 때문에 중요한 것은 가급적 많은 표시 를 해 둔다. 이후 적은 내용들을 워크플로위로 옮겨 적기 위해 정리하고 구체적인 세 부 자료들을 넣어 완성한다.

아이디어는 하루 계획 공간에 함께 작성한다

아이디어를 작성할 때 가장 중요한 것은 저장소(위치) 선택이다. 매일같이 기록하고 다 시 꺼내 볼 수 있는 접근성이 쉬운 곳을 찾아야 한다. 하루 계획을 작성하는 곳은 하루 에도 여러 번씩 내용을 체크하고 할 일을 추가하는 공간이기 때문에 이곳에 아이디어 를 기록해 놓는다. 할 일 목록을 작성하면서 일 처리는 물론 중간중간 떠오르는 아이디어를 함께 적어 놓으면 할 일과 아이디어가 자연스럽게 연결되면서 더 많은 아이디어가 떠오른다.

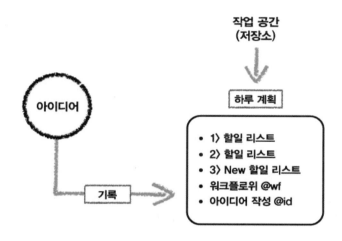

　미리 주제에 맞게 아이디어 공간을 만들어 놓으면 아이디어를 작성할 때마다 각각의 공간으로 이동해야 하는 번거로움은 물론 해당 주제가 명확하지 않을 경우 그 위치가 애매해질 수 있다. 그렇다고 주제에 대해서 세세하게 분리하면 오히려 관리하기가 어려워진다. 따라서 주제와 관계없이 모든 아이디어는 하루 계획 공간에 작성하고 아이디어 주제별로 태그를 넣어서 분류하도록 한다. 그러면 공간을 따로 나누지 않아도 되고 태그 목록만을 따로 볼 수도 있다.

〈태그 종류〉

- 기본 아이디어 : @id
- 워크플로위 주제 : @wf
- 생산적 책 쓰기 주제 : @book
- 1인 기업 주제 : @ps노트
- 생산성 2.0 주제 : @output
- 강의 끝나고 후기 : @후기
- 실패하지 않는 법 : #fail

#0712 목 - 52시간, 100세인생

- @일기
- 1> 52시간 어떻게 가능할까 @output #강좌
- 2> 직장인 100세 인생 찾기 프로젝트 @100세
- 3> S전자 워크 강의안 기획 제작 1h -> 2h
- 워크 관련 대학 논문 및 공증된 자료 체크 할것 @wfb
- S그룹 100세 - H포럼 30만원 만들기 프로젝트 @100세
- 어떤 일에 있어 실패하지 않는법을 찾자 #fail
- 스스로가 변화를 위한 3가지 질문 @id
- 시간을 절약하고 결정을 이끄는 회의법 @output

아이디어가 자라는 공간, 워크플로위

워크플로위를 아이디어 저장소로 사용하면 아래와 같은 장점을 얻을 수 있다.

첫째, 언제나 손쉽게 기록할 수 있다.

워크플로위는 아이디어를 정리할 때 편리한 목록으로 되어 있으며, 스마트폰으로 어디에서든지 접근할 수 있다. 기본 메모장을 뛰어넘는 편리함과 가벼움을 가지고 있기 때문에 실시간으로 기록하고 정리할 수 있다.

둘째, 할 일 목록과 함께 아이디어를 작성할 수 있다.

아이디어는 갑자기 떠오르는 경우도 있지만, 대부분 여러 가지 일들이 복합적으로 연결되면서 떠오른다. 자주 접근하고 많은 목록들이 작성되어 있는 할 일 목록에 아이디어를 작성하면 서로의 시너지 효과를 통해 다양한 아이디어를 생산해 낼 수 있다.

셋째, 다양한 주제의 아이디어를 함께 작성할 수 있다.

다양한 주제의 아이디어를 태그로 분류해 함께 작성할 수 있다. 원하는 태그를 선택하면 태그로 작성한 목록만을 볼 수 있으며 태그를 사용하여 아이디어를 꾸준히 모으고 확장할 수 있다.

스스로 질문하며 아이디어 확장하기

간단하게 작성된 아이디어는 나중에 사용되지 않을 가능성이 높다. 해당 내용에 대한 충분한 설명과 자료가 있어야 다른 아이디어와 연결하여 확장시킬 수 있다. 아이디어를 확장하는 방법 중 하나는 스스로 질문하는 것이다. 질문을 만들기 위해서 생각을 하게 되고 생각하는 과정을 반복하면서 아이디어가 확장된다.

아이디어를 확장하는 질문 방법

좋은 질문을 만들기 위해서 너무 고민할 필요는 없다. 작성한 아이디어를 질문형으로 바꾸기만 하더라도 쉽게 좋은 질문을 만들 수 있다. 질문을 할 때에는 먼저 하나의 질문을 만든 다음 그 질문에 또 다른 질문을 하면서 2차적, 3차적으로 계속 이어서 질문

한다. 하나의 질문으로 끝나면 단순 생각으로 머물고 말기에 이때 보다 구체적인 질문을 만들어야 한다. 또한 질문을 한다고 바로 아이디어가 확장되는 것은 아니기 때문에 큰 범위(1차적)에서 작은 범위(2차적), 더 작은 범위(3차적)로 내려가며 질문의 깊이를 두도록 한다. 질문을 반복하면 보다 깊이 있는 사고를 할 수 있고 단순한 생각 확장이 아닌 해당 주제를 모으고 답을 찾는 과정으로 발전시킬 수 있다.

나는 책 집필 중 좀 더 심도 있는 내용을 넣기 위해 아래와 같은 질문을 하였다.

Q. 하루 계획을 실패하지 않으려면 어떻게 하나?

1) 질문은 하루 계획 공간에 작성하였다. 해당 내용은 4월 3일에 작성하여 [#0403]이라는 태그와 질문 태그 [@qa]를 넣었다.

#0403 화 - 유튜브제작,대학교워크강좌

- 1> 유튜브 영상 작업 @yb
- 2> 대학교수 학습센터 관리자 및 실무자 교육 - #0420 #0406
- @qa Q. 워크플로위 작성은 스마트폰에서 어떻게 하나?
- #fail @qa Q. 하루 계획을 실패하지 않으려면 어떻게 하나?

---

2) 우선 해당 질문에 대해 자신이 알고 있는 것을 나열한다. 정확한 답만을 제시한다고 생각하지 말고 생각나는 모든 것을 적는다. 만약 질문에 답을 작성하기 어렵거나, 답을 더 도출해 내고 싶을 때는 2차적 질문을 한다. 이때 어디서, 무엇을, 어떻게, 왜 등 육하원칙을 사용해 구체적인 질문을 한다.

#fail @qa **Q. 하루 계획을 실패하지 않으려면 어떻게 하나?**

- 하루 계획을 보다 명확하게 세우기가 필요하다
- 계획을 세운 것을 육하원칙에 작성해라
- 작업 시간을 분석하고 하루 일하는 시간을 파악
- 일의 핵심을 분석하고 하지 않은 일을 제거해라
- 성공하는 법 vs 실패하지 않는 법
- Q. 어떤 상황이 발생할 때 실패라고 생각하나?
- Q. 실패하지 않기 위해 어떤 작업을 하면 되나?
- Q. 하루 계획이 실패하지 않으면 무엇을 얻는가?

3) 2차적 질문을 하고 작성을 완료했다면 하위 카테고리를 만들고 다시 내용을 추가해서 확장하는 작업을 반복한다. 내용의 깊이가 쌓이면서 해답에 근접해질 수 있다. 좀 더 구체적으로 만들고 싶다면 3차적 질문을 통해 확장해 나간다.

- Q. 어떤 상황이 발생할 때 실패라고 생각하나?
  - 하루 일하는 시간을 넘어서 할때
  - 할 일 목록을 처리하지 못하고 다음날로 넘어갈 때
  - Q. 그렇다면, 미루는 습관을 줄이는 방법은 어떻게 되나?
- Q. 실패하지 않기 위해 어떤 작업을 하면 되나?
  - 하루 계획을 명확하게 작성한다
  - 실패 했던 사항을 분석해서 문제점을 해결한다
  - Q. 명확하게 작성하는 방법은 어떻게 되나?
    - 육하원칙을 고려하라
- Q. 하루 계획이 실패하지 않으면 무엇을 얻는가?
  - 시간관리와 목표관리가 가능하다
  - 단기와 장기계획 이룬다
  - 일하는 시간을 스스로 통제할 수 있다
  - 결국 성공하는 법이다.|

질문은 자신이 생각지도 못했던 것들을 발견하게 해 주고 해당 주제를 명확하게 이해할 수 있도록 한다. 위와 같이 주제와 관련된 질문을 만들고 질문에 대한 답을 늘려가면 보다 완벽한 결과물을 도출해 낼 수 있다.

질문으로 문제 해결하기

질문은 문제를 쉽게 해결할 수 있게 한다. 스스로 나 자신에게 질문하고 적극적으로 답을 작성하다 보면 질문에 대한 해답을 쉽게 발견할 수 있다. 이때 중요한 것은 보다 솔직하게 답변을 해야 한다는 것이다.

나는 2017년 여름, 에버노트 개정판 작업 중 집필 작업에 난항을 겪은 적이 있다. 집필 자체가 힘들고 작업 속도가 나지 않아 이에 대한 문제를 해결하고자 스스로에게 질문을 던졌다.

Q. 개정판 작업이 왜 더딘가?

Q. 개정판에 어떤 내용이 채워지면 사람들이 좋아할까?

Q. 개정판에 무엇을 더 넣고 싶은가?

Q. 책에 들어가는 인증샷만 다시 찍으면 되는가?

Q. 전에 책과 비교했을 때 달라진 것은 무엇인가?

Q. 뺄 내용은 무엇인가?

에버노트 개정판 작업 정리

- @qa 개정판 작업이 왜 더딘가?
- @qa 개정판에 어떤 내용이 채워지면 사람들이 좋아할까?
- @qa 개정판은 무엇을 더 넣고 싶은가?
- @qa 인증샷만 처리하면 되는가?
- @qa 기존과 달라진 것은 무엇인가?
- @qa 뺄것이 무엇인가?

에버노트 개정판 작업 정리

- @qa 에버노트 개정판 작업이 왜 더딘가?
  - 책 작업이 바로 돈이 되지 않아 그렇다
  - 해당 주제로 작업을 한다고 생각하고 깊게 관심을 가질 필요가 있다
- Q. 그렇다면 개정판 작업을 하지 않을건가?
  - 그렇지 않다. 결국 작업을 하고 나면 커다란 이익도 생기고 기쁨도 가질 수 있다.
  - 힘든 부분을 이겨내는 것이 어려우면, 할 수 있는 것 위주로 작게 먼저 시작해라.
  - 멈추면 아무것도 못하다 보니 조금씩 작업을 해라

이처럼 질문을 하고 직접 답을 작성하면서 정확한 원인과 그 해결 방안을 찾아 집필 작업을 수월하게 마무리할 수 있었다. 정확한 답은 멀리 있는 것이 아니라 오히려 가까이에, 내 안에 있다는 말에서도 알 수 있듯이 스스로 질문과 답변을 하면 문제 해결은 물론 꺼진 열정에 다시 동기를 부여하고 해야 하는 이유를 명확하게 찾을 수 있다.

질문으로 장기 계획 짜기 : 3년 후 계획 세우기

질문은 문제 해결은 물론, 장기적인 계획에도 아주 유용하다. 그냥 계획을 짜고 관리하는 것보다 '왜?'라는 질문을 통해 왜 이 계획을 실현해야 하는지 명확한 동기를 찾을 수 있으며, 과정을 자세히 풀어가면서 계획의 질을 높일 수 있다.

예를 들어, 3년 후의 목표를 계획한다고 가정했을 때, 단순히 목표를 나열하면서 계획을 작성하는 것보다 질문을 하며 답을 작성하면 구체적인 계획 목록은 물론 생각지도 못한 새로운 인생 계획을 수립할 수 있다. 여기서도 또한 보다 솔직하게 답변을 해야 자세하게 계획을 세울 수 있다.

Q. 3년 전 당신은 어디에서 어떤 일을 하고 있었나?

Q. 그때와 비교해서 지금 달라진 것 3가지를 적어 보자.

Q. 앞으로 3년, 당신은 어디에서 어떤 일을 하고 싶은가?

Q. 그렇다면 지금 무엇을 해야 하는가? (3가지)

@qa 3년전과 후 어떤 차이가 나는지? (3년후)   ☆ …

- **Q1. 3년전 당신은 어디에서 어떤 일을 하고 있었나?**
  - 2014.10.14
  - 서촌에서 카페에서 스마트워킹 주제로 강의와 책을 집필했다.
  - 에버노트 실전편(프로들의 에버노트) 집필을 준비중이었다. 무언가 새로운 가능성을 보고 나아가 던 시점이다. 어쩜 앞으로 에버노트가 어떻게 될지 모르고 달려가고 있었다. 보면 너무 한쪽으로 치우쳐 나아가는 것도 이때가 마지막인듯 하다
- **Q2. 그때와 비교해서 지금 달라진 것 3가지를 적어보세요.**
  - 변화다. 아주 큰 변화다
    - 직업 컨설턴트
    - 주제가 다양해지고 공간도 바뀌다
    - 함께 하는 사람이다
  - 이들의 모든 변화가 새로운 일과 생각을 만들게 한다.
- **Q3. 앞으로 3년 당신은 어디에서 어떤 일을 하고 싶은가?**
  - 5개의 직업으로 한주에 5개의 일을 할거다
    - 1. 방송
    - 2. 책쓰기
    - 3. 강의
    - 4. 컨설팅
    - 5. 서비스 회사운영
  - 사람들과 만남이 커지고 이들과 풀거다
    - 커다란 가상의 실질적인 조직이 만들어질거다. 이들을 통해 비즈니스가 만들어지고 수익이 생긴다
  - 수입이 안정화가 되어 글쓰기와 강의, 방송으로 안정된 수익이 발생한다

위 내용은 2017년 10월 14일에 작성한 내용이다. 질문은 간단하지만 쓰다 보면 계획이 상당히 구체적으로 확장되고 실현 가능성이 높아진다. 이처럼 질문은 아이디어와 계획을 보다 적극적으로 실행할 수 있도록 도와준다.

쌓인 아이디어에서 원석 찾기 : 프로젝트 만드는 방법

워크플로위는 뛰어난 검색 기능을 가지고 있기 때문에 키워드와 태그를 사용하면 따로 떨어져 있는 아이디어를 모아서 한눈에 확인할 수 있고 모은 아이디어를 합쳐 새로운 프로젝트로 만들 수 있다.

아이디어를 효율적으로 만들기 위해서는 먼저 자주 사용하는 검색 목록을 확인해야 한다. 최근 한 달, 6개월, 1년으로 쌓인 아이디어가 무엇인지 확인하고 이를 통해 내가 평소에 관심 있는 주제가 어떤 것인지 알아보도록 한다. 주제별 태그를 사용해 작성했다면 태그를 검색하고 태그를 입력하지 않았다면 키워드를 검색하도록 한다.

- #0500 - 워크책쓰기, 생산성프로젝트
  - #0502 수 - 워크강좌29차
    - @wfb 18회 리스트의 힘 - 내용으로 책 추가하자
  - #0507 월 - 하루쉬기
    - @wfb 책쓰기 위해 평소에 실천하는 작은 행동 @book
  - #0509 수 - 기업컨설팅시작, 유튜브셀프제작
    - + @wfb 아이디어가 책을 만들기까지 방법
  - #0515 화 - 유튜브운영원칙, 통계와반응전략
    - @wfb 생각을 정리 한다는 것은 올바른 판단을 하는 것이다.
  - #0516 수 - 유튜브주제찾다, 컨설팅2단계
    - @id 당신의 아이디어는 어디에 어떻게 작성하나? 이것에 따라 아이디어가 살기도 하고, 묻히기도 한다 @wfb
    - 생각정리 확장하는 방법 @wfb
    - @wfb 생각정리 433 원칙 무엇을 만드는가?
  - #0517 목 - 소득세신고
    - @wfb 책 쓰는 방법 - 평일녹음, 주말텍스트
    - @wfb 일하는 법 강좌 하면서 많은 사람들이 하지 않는 것과 하지 말아야 할 것이 많다는 것을 알게된다. 어떤 것이 있는가 살펴봤다.
  - #0519 토 - 워크플로위 강좌
    - 생각정리도구 책은 이렇게 작성하자 @wfb

검색 작업을 한 이후에는 흩어져 있는 (검색한 태그와 키워드를 담고 있는) 자료들을 한 공간으로 모은 다음 다시 각각 비슷한 주제로 분류 작업을 한다. 이후 분류가 완료된 주제를 다시 한곳에 수집하고 2차적으로 분류 작업을 한다. 전체적으로 어떤 내용이 있는지 상세하게 검토하여 어떻게 활용할 것인지 찾아야 한다. 이때 분류가 힘들다면 내용을 종이에 출력한 후 빨간펜을 사용해 메모하면서 전체적인 맥락을 찾아가며 작

업한다. 다소 번거롭고 시간이 걸리는 부분이지만 쌓인 아이디어를 다시 읽어 보면서 비슷한 아이디어끼리 묶을 수 있으며 활용 방안도 만들 수 있다.

@wf 워크플로위 한 곳에 수집한 자료 ☆ ··

- ⚫ @wf 책쓰기 위해 평소에 실천하는 작은 행동 @book
- ⚫ @wf 아이디어가 책을 만들기까지 방법
- ⚫ @wf 생각을 정리 한다는 것은 올바른 판단을 하는 것이다.
- ⚫ @id 당신의 아이디어는 어디에 어떻게 작성하나? 이것에 따라 아이디어가 살기도 하고, 묻히기도 한다 @wf
- ⚫ 생각정리 확장하는 방법 @wf
- ⚫ @wf 생각정리 433 원칙 무엇을 만드는가?
- ⚫ @wf 하지 않는 것과 하지 말아야 할 것이 많다는 것을 알게된다.
- ⚫ 생각정리도구 책은 이렇게 작성하자 @wf
- ⚫ 생각정리를 통해 부부싸움도 멈추게 했다 @yb @wf

카테고리를 나눌 때에는 다음과 같이 4개의 큰 축으로 분류한다. 처음부터 알맞은 주제에 맞춰 분류하기는 어렵기 때문에 쌓인 주제가 어떤 내용을 담고 있는지 충분히 분석한 후 분류하도록 한다. 4가지로 분류하는 이유는 너무 세세하게 나누면 활용할 수 있는 영역을 벗어날 수 있기 때문이다.

카테고리 분류 방법

- 기본개요(문제 제시)
  - 무슨 일인가?
- 문제확장(주요현상, 의견)
  - 어떤 일들이 발생하고 있나
  - 사회적 문제는 뭔가
- 문제해결(주요방법, 사례)
  - 질문에 대한 답을 찾기
  - 자료조사 후 사례정리
- 결론(문제 개선 및 확대)
  - 성과
  - 시장성

예를 들어 클라우드 서비스에 대해 아이디어를 모았다고 가정했을 때 에버노트, 구글 드라이브 등 클라우드의 종류/기능으로 주제를 분류할 경우 '클라우드', '생산성 도구' 등으로 카테고리를 나눌 수 있다. 이와 달리 클라우드 서비스라 하더라도 현상과 방법을 찾는 주제일 경우에는 '사용 방법', '특징' 등으로 분류할 수 있다.

분류가 완료되면 충분히 쌓인 자료들을 기반으로 새로운 프로젝트를 진행한다. 자료가 부족하다면 조금 더 아이디어를 쌓도록 한다. 쌓인 아이디어들의 시너지 효과는 생각보다 뛰어나서 상당히 가치 있는 결과물이 나오는 것을 경험할 수 있을 것이다.

〈쌓인 아이디어 활용하기〉

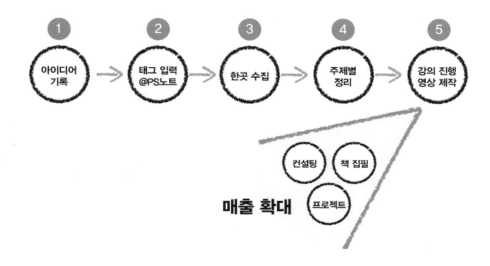

쌓인 아이디어가 돈이 된다

아이디어를 작성한 후 해당 주제에 적합한 태그를 넣어 나중에 쉽게 주제별로 찾을 수 있도록 한다. 나는 '@ps노트'라는 아이디어 태그를 자주 사용한다. 이것은 일전에 '나는 1인 기업가다' 책을 집필하면서 만들었던 태그이다. 책 집필이 끝난 이후에도 관련 아이디어를 모을 때 계속 사용하고 있다. 여기서는 '@ps노트' 태그를 사용해 실제 아이디어를 어떻게 카테고리화하고 결과물을 도출해 내는지 알아보도록 하겠다.

1) 아이디어는 '@ps노트' 태그와 함께 하루 계획 공간에 꾸준히 작성한다. 아이디어를 찾고 싶을 때는 '@ps노트'를 검색한다.

> - #0418 화 - 워크플로워1st
>   - @PS노트 이OO 내가 하는 일은 직업으로 만들기 힘들다
>   - @ps노트 정말 힘들고 어려울때 길거리 폐지 줏는 생각을 한다
>   - @ps노트 홍순성이 이번 책을 통해 얻은 두가지 30대와 여성독자다.
> - #0422 토 - 방송대1인기업, 서울시제안
>   - @ps노트 송OO왈 홍소장은 언제나 잘 안되고 가능성도 없는 곳 가는가?
>   - @ps노트 자신의 능력 이상으로 계약(영업)을 늘리는 방법은 없을까?
> - #0428 금 - 1인기업성공과실패분석
>   - @ps노트 1인기업의 성공과 실패 유형별 분류
>   - @ps노트 성공과 실패 주제로 강의를 자주 한다. Q. 개인브랜드 위존도가 너무 높다면 실패한다는 내용이 있다 뭐 때문인가?

2) '@ps태그'가 삽입된 목록을 한곳에 모으기 위해 '[PS노트]' 수집 공간을 만들었다. 이후 '@ps노트' 태그를 검색한 다음 하나씩 데이터를 복사(**Ctrl** + **C**)하거나 아예 이동시켰다. 옮기는 과정이 번거로울 순 있으나 옮기는 작업을 하면서 내용을 한 번 더 살펴볼 수 있어 어떻게 활용할지 생각할 수 있다.

- @ps노트 성공과 실패 주제로 강의를 자주 한다. Q. 개인브랜드 위존도가 너무 높이 한다는 내용이 있다 뭐 때문인가?

  Complete   ⌘↵
  Delete   ⇧⌘⌫
  5 items

  - 1인기업의 성공과 실패 주제로 강의를 자주 하는데 한예로 Q. 개인브랜드 위존 무 높다면 실패 한다는 내용이 있다 뭐 때문인가?
  - A. 다들 개인브랜드 쌓으려고 노력을 많이 한다. 물론 높아지면 효과는 커지게 된다. 하지만 시간이 지나면 브랜드만으로 어렵다. 효과는 떨어지기 마련이다.
  - 브랜드와 더불어 차별성이 필요하다. 어느새 나말고 다른 사람으로 쉽게 대체 가능하다 (어디나 가성비가 중요) 가격만 높지 차별성이 떨어지면 굳이 필요하지 않기 때문이다. 언제부턴가 브랜드는 오히려 독이다. 가격 경쟁에서 떨어지기에 적정 가격을 선택하는 정책도 필요하다. 주변에 잘되는 사람들의 특징은 가늘고 길게다. 너무 알려져서 담당 자에게 부담만 가중치 될 수 있다고 한다.
  - 이처럼 모든 것은 정답이 될 수 없으나, 꾸준한 자기변화가 필요한 시점이기는 하다.

- [PS노트]1인기업 출간 후 못다한 이야기 - 주요 자료
  - 1인기업의 실패 사례를 찾아보자
  - 이OO 내가 하는 일은 직업으로 만들기 힘들다
  - 정말 힘들고 어려울때 길거리 폐지 줏는 생각을 한다
  - 홍순성이 이번 책을 통해 얻은 두가지 30대와 여성독자다.
  - 성공과 실패 주제로 강의를 자주 한다. Q. 개인브랜드 위존도가 너무 높다면 실패 한다는 내용이 있다 뭐 때문인가?
  - 송OO월 홍소장은 언제나 잘 안되고 가능성도 없는 곳 가는가?
  - 자신의 능력 이상으로 계약(영업)을 늘리는 방법은 없을까?
  - 1인기업의 성공과 실패 유형별 분류
  - 1인기업을 하려면, 보다 객관적으로 바라봐야 한다.
  - 항상 일을 하다보면, 자신의 기준이 아니라 일하는 사람이 어떻게 일할 지 생각해라
  - 1인기업의 수익을 늘리기 위해 반드시 알아야 할 세가지 원칙
  - 잘나가는 1인기업 아이템을 정하는 3가지 노하우

3) '[PS노트]' 공간에 수집한 이후에는 비슷한 주제의 목록들을 모아 4개 영역으로 분류하는 1차 작업을 한다. 초반에는 쌓인 내용이 많아 어려울 수 있지만 전체 내용을 순차적으로 분석한 후 충분한 시간을 갖고 계속해서 분류해 나간다. 처음부터 4개의 카테고리로 분류하기 어렵다면 7~8개 정도의 카테고리로 분류한 후 작업을 반복하여 4개의 카테고리로 나눈다.

- ***[PS노트]1** 인기업 출간 후 못다한 이야기* @PS노트
    - **1)일의 가치를 확대하다(일이란 무엇인가?)**
        - 좋아하는 일을 하고 살려면 더 치열하라(기사 참조) @생존
        - 주변에서 사람 좀 소개시켜 달라는 분들이 있어 소개해 주고 나보니 잘되는 사람과 그렇지 않은 사람이 있어 왜 그런가 이유를 찾아봤다. 누구의 문제이고, 어떻게 풀어야 하는가? 결국 1인 기업가에게 이런것도 필요하다 @영업
        - 1인기업 관계관리가 중요하다 @관계
        - 공수표를 날리는 사람이 있다.(공수표를 날리지 마라) @자기관리
    - **2)나의 직업을 만들다**
    - **3)관리와 실행(운영)**
    - **4)성공과 실패**

4) 1차 작업을 완료한 후 2차 작업을 한다. 분류한 4개의 카테고리 영역을 살피며 강좌로 만들거나 책으로 만들 수 있는지 분석한다. 나는 카테고리 중 2번째인 '2)나의 직업을 만들다'를 새로운 강의 주제로 잡았다.

- **2)나의 직업을 만들다**
  - 직업을 찾는 순서도(프로세스) @직업
  - 자기탐색을 하는법 - 잘하는 것이 무엇인지 찾는법 @직업
  - 직업을 찾기 위한 3가지 전략(만드는 능력) @직업
  - 직업을 찾기 위해서 실천 해야 할 것 5가지 @직업
  - 직업을 찾기 위한 단계별 전략 @직업
  - 직업을 바꾸는 방법 @직업
  - 적합한 직업 찾는법 @직업
  - 직장에서 준비할 때와 퇴직해서 준비할 때의 자세는 180도 다르다. @준비
  - 1인기업을 준비하는 사람들에게 조언 @직업
  - 1인기업가 직업을 찾고나서 진행 사항 체크 - 조OO(상담) @직업 @준비
  - 직업은 다를뿐 높고 낮음은 없다, 직업은 차이가 없다 @직업
  - 비타민이 아닌 아스피린이 되는 차별성을 가져야 한다. @직업 @성공
  - 직원이 회사를 떠나면서 남길 내용 - 회사는 쿨하고 직원은 쿨하지 않다. 직장인에도 유통기한이 존재한다 @직업

5) 2차 작업을 보다 구체적으로 만들기 위해 한 번 더 분류 작업을 한다. 여기서는 해당 주제로 강의 기획을 하고 완성하기 위해 다시 4개로 분류했으며, 강의 목차를 고려하며 작업을 했다. 계속해서 분류 작업을 해야만 실제로 어떻게 활용해야 할지 파악할 수 있다.

- 목차 - 직업 바꾸기 프로젝트, 30만원 수익 만들기 - 1차버전
  - 1) 평생 10개 직업이 필요한 시대
    - 1. 평생 7~8개의 직업을 가지고 살아야 한다
    - 2. 전문성 vs 포트폴리오 노동자, 좁고 깊게 VS 두루 넓게
    - 3. 개인적으로 과거-현재-미래 각각의 직업이 변화
  - 2) 직업 바꾸기 프로젝트
    - 1. 직업을 바꿀때 먼저 행동하고, 나중에 계획해라
    - 2. 강점을 찾아라(자기분석)
    - 3. 직업을 찾기 위한 3가지 전략(만드는 능력)
  - 3) 30만원 수익 프로젝트
    - 1. 흥미롭다고 느끼는 분야에 먼저 발을 담가보기
    - 2. 잘하고 있는데 발굴하지 않는 것
    - 3. 30만원 프로젝트 찾는 순서도(프로세스)
  - 4) 한장으로 작성하는 직업 찾기

6) 강의 기획을 완료한 후에는 해당 내용으로 20번 이상 강의를 진행했다. 강의 반응이 좋아 참여했던 교육 기관에서 해당 주제로 동영상 강의를 의뢰하여 3차 작업까지 이어졌다. 3차 작업은 동영상 강의 프로젝트로, 강의를 진행하면서 쌓인 자료와 강좌에 참여했던 사람들과의 직업 상담으로 얻어진 데이터를 통해 실제로 가능해졌다.

- **[동영상] 1인기업의 시작, 30만원 경제학**
  - 1) 주요 기획
  - 2) 10회 영상 목차 리스트
    - **01. 직장이 아닌 직업을 선택해라**
    - **02. 100세 시대 인생전략**
    - **03. 직장에서 나를 성장하는 방법**
    - **04. 나만의 직업을 찾는 방법**
    - **05. 직업을 찾기 위해 준비하기**
    - **06. 직업을 찾기 위해 익혀야 할 것**
    - **07. 30만원 경제학으로 1인기업 준비**
    - **08. 30만원 경제학 단계별 전략**
    - **09. 30만원 경제학은 직업 만들기다**
    - **10. 30만원 경제학으로 인생 2막 도전**

이렇게 아이디어를 주제별로 분류하는 작업을 거치면 그동안 깨닫지 못했던 새로운 영역을 파악할 수 있다. 이것은 즉, 신규 비즈니스를 만들어 새로운 매출을 불러일으킬 수 있다는 의미다. 나의 경우 책을 통해 1차적 수입을 만든 후 책과 관련된 아이디어를 확장하여 오프라인 강의와 온라인 강의로 추가적인 수입을 올릴 수 있었다. 더 나아가 올해는 해당 주제로 기업과 개인 컨설팅을 진행하게 되어 수입은 더 커질 예정이다.

물론 이것은 실행하는 영역이 중요하겠지만, 실행할 수 있는 기반을 만든 것은 아이디어 기록이다. 단지 기록으로 끝나는 것이 아니라 기록한 것을 실행할 수 있도록 만든 것이 바로 아이디어 저장소, 워크플로위이다.

쌓인 아이디어가 책이 된다

아이디어가 쌓이면 책이 된다. 이번 책의 경우에도 워크플로위를 주제로 하여 작성한 '@wf' 태그를 모아 완성하였다. '@wf' 태그로 작성한 300개 이상의 목록을 위와 마찬가지로 1차 작업과 2차 작업으로 분류하였다.

- #0304 일 - 일하는방법강좌
  - @wf 아이디어를 프로젝트로 만드는 5단계 전략
  - 일하는 방법중에 중요한 것은 손에 잡힐 수 있도록 단계별 쪼개는 것이 중요하다 @wf
  - @wf 책쓰기 방식을 목차와 글쓰기 방법을 함께 하자? @book
  - @wf 책쓰기 아이디어 할때 - 이런 작가에게 저자는 말한다. @book
  - 생각정리기술 주요원칙.. @wf
- #0306 화 - 생각정리강좌. 책쓰기과정 오픈
  - 생각분석부터 원하는 자료 분석까지 풀수 있는 방법 @wf
  - @wf 책쓰기에서 글쓰기 전략은 어떻게 되는가? 프로세스 @book
  - @wf 키워드 vs 문장 초반에 키워드 부터

먼저, '생각정리도구' 공간을 만들어 1차 작업을 한 후 해당 내용을 5개의 카테고리로 작업하여 이것을 토대로 집필을 하였다. 물론 초반에는 명확한 구성이 어려워 힘들었지만, 몇 번의 작업 과정을 반복해서 내용의 완성도를 높인 후 글쓰기 작업을 진행하였다. 이런 방식을 사용하니 이전과 달리 빠르게 초안 작업을 마칠 수 있었다.

- *생각정리도구(workflowy) - 책목차*
  - 챕터1 생각 정리 도구의 시대
  - 챕터2 생각 정리 도구 사용법
  - 챕터3 생각정리 - 아이디어를 부르는 방법
  - 챕터4 계획하기 - 나에게 꼭 맞는 할 일 관리 방법
  - 챕터5 실행하기 - 효율적으로 일하는 방법
  - 실전

기존 책 집필 과정은 먼저 주제를 잡고 목차와 세부 내용을 채운 후 글쓰기 작업으로 진행된다. 이 과정에서 세부 내용이 미약하거나, 자료 조사가 충분하지 않으면 집필에 난항이 예고되는데, 워크플로위에 저장된 300개 이상의 아이디어 덕택에 오히려 글을 더하는 작업이 아닌 필요없는 영역을 빼내는 작업을 통해 쉽게 집필할 수 있었다. 책 쓰기 과정에 대해서는 챕터 5장 실전편에서 보다 자세히 소개하도록 하겠다.

키워드로 정리하는 머릿속 생각 정리

머릿속 생각 정리가 어려운 이유

나는 워크플로위를 주제로 강의를 할 때마다 '머릿속 생각을 키워드로 적어 보는 실습'을 진행한다. 어떤 사람은 요란한 키보드 소리를 내며 많은 내용을 작성하지만 어떤 사람은 1분도 지나지 않아 멈추고 더 이상 나아가지 못한다. 시간을 조금 더 주면서 좀 더 작성해 보라고 부추겨 보지만 금세 포기하고 만다.

머릿속 생각을 작성하지 못하는 사람에게 작성하는 것이 왜 어렵냐고 물어보면 대부분 "그동안 생각을 정리해 본 적이 없어요"라고 대답한다. 머릿속에서 무엇을 끄집어내야 할지 모르거나 드러내고 싶은 용기가 없을 수도 있고, 창피하거나 복잡하게 생각하는 것이 싫어서 등 이유는 다양할 수 있다. 원인이 무엇이든 생각 정리는 쉬운 작업이 아니라고 생각한다. 생각 정리가 처음이라 그럴 수 있고 좋은 경험을 갖지 못해서 일 수도 있다.

생각 정리를 어떻게 시작해야 할지 어렵게만 느껴진다면 여기서 제안하는 키워드 정리법을 따라 해 보기 바란다. 단 30분의 정리로 머릿속을 가볍게 만들 수 있으며, 정리한 생각들을 보면서 명확하게 무엇을 실행하고 무엇을 하지 말아야 할지 판단할 수 있게 될 것이다.

키워드로 머릿속 비우기

워크플로위 창을 띄우거나, A4 용지나 작은 포스트잇을 놓고 머릿속 생각 정리 방법을 따라 해 보자. 지금부터는 스마트폰의 타이머를 켜 놓고 시작한다.

1) 먼저 나의 머릿속에 떠오르는 키워드 50개를 작성한다. 시간은 10분이다. 키워드가 잘 생각나지 않는다면 추가적으로 아래 질문에 대답을 해 보도록 한다.

- 최근 일주일, 한 달 사이에 개인과 회사에서 일어난 모든 일을 생각하라.
- 본인이 하고 싶은 것이 무엇인지 생각하라.
- 앞으로 해야 할 것을 생각하라.

질문에 대해 깊게 생각한 후 하나씩 키워드로 작성한다. 주의할 것은 카테고리를 미리 만들어 놓고 작성하거나 문장으로 작성하면 안 된다는 것이다. 오직 키워드로만 생각한 것을 모두 써내려 간다.

- 50개 키워드 - 1st
  - 일하는 방법
  - 워크플로위
  - 에버노트
  - 구글드라이브
  - 스마트워크
  - 생산성
  - 매출
  - 채널구축
  - 개인브랜드
  - 협동조합
  - 정기총회
  - 가족
  - 대학
  - 혜민
  - 책쓰기
  - 1인기업
  - 직업만들기
  - 작은기업
  - 퇴근카페
  - 30만원경제학
  - 사이드프로젝트
  - 팟캐스트
  - 실행독서
  - 브랜드탐구생활
  - 게스트섭외
  - 아파트
  - 미래불확실

2) 키워드 작성을 완료했다면 여러 키워드 중에 중복되는 목록을 3~4개씩 묶는 작업을 한다. 묶을수록 카테고리 영역이 넓어진다. 최종으로 4개의 카테고리를 만들어라. 카테고리 영역이 많으면 오히려 정리된 것도 복잡하다고 느낄 수 있다. 작업 시간은 10분이다.

- **50개 키워드 - 2st**
  - 1. 콘텐츠
  - 2. 비즈니스
  - 3. 가족
  - 4. 개인

3) 위 단계까지 완성되었다면 아래 질문에 답을 하면서 머릿속 생각을 마무리한다. 남은 10분을 사용한다.

- 나는 어떤 생각에 집중하고 있나?
- 나는 정말 원하는 것을 생각하나?
- 나열된 주제에 깊은 관심이 있는가?

작업을 마치면 간단하게 정리된 4개의 카테고리 영역이 남는다. 해당 영역은 아마 최근 한 달 동안 고민했던 것, 앞으로 풀어가야 할 것, 하고 있는 일에 대한 모든 것이 담겨 있을 것이다. 어쩌면 앞으로 해야 할 일들이 쌓여 있을 수도 있다. 3개의 질문에 답변을 하고 나면 나의 머릿속은 어떤 생각에 집중하고 있는지, 원하는 것은 무엇인지, 바로 실행할 수 있는 것은 어떤 것인지 판단할 수 있다.

4개의 카테고리 영역을 기반으로 앞으로 어떻게 일을 처리해야 할지 고민할 수 있고 추가적인 질문과 답변 등을 통해 원하는 결과를 얻는 방법을 찾을 수도 있다. 한 번의 작업이 아니라 보다 많은 시간을 투자하면 매우 가치 있는 기회도 만들 수 있다. 연말 또는 연초에 진행하면 올해의 목표와 무엇을 이루고 싶은지 파악하는 계기를 만들수 있다.

머릿속 생각을 키워드로 작성하는 것은 여러 분야에서 응용할 수 있다.

- 기획 작업 – 강의 기획, 책 쓰기
- 비즈니스 – 제안서, 서비스
- 주요 분석 – 업무 분석, 프로젝트

생각 정리를 습관적으로 하다 보면 일상의 많은 변화와 새로운 기회가 마련된다. 초반에는 어떻게 해야 할지 모르고 귀찮기도 하고, 머리가 더 복잡해지는 것 같이 느껴질 수도 있다. 하지만 자주 하다 보면 어떻게 생각을 풀어야 좋은 결과가 나오는지 판단할 수 있다. 여기서 알려 준 방법 이외 자신만의 방법도 발견할 수 있다. 단지 처음이 어렵다. 지금 당장 컴퓨터나 스마트폰에서 워크플로위를 실행하고 화면을 바라보기 바란다. 그리고 하나씩 써 내려가 보도록 하자.

부록 - 생각 정리 체크 목록

1. 당신은 무엇 때문에 아이디어를 작성하는가? ⸺⸺⸺⸺⸺⸺⸺ □

2. 아이디어를 작성할 때에는 한 줄 이상 작성하는가? ⸺⸺⸺⸺⸺⸺ □

3. 아이디어와 아이디어의 연결이 가능한가? ⸺⸺⸺⸺⸺⸺⸺ □

4. 어떤 아이디어를 작성했는지 검색해 봤는가? ⸺⸺⸺⸺⸺⸺ □

5. 아이디어를 꾸준하게 저장할 곳이 있는가? ⸺⸺⸺⸺⸺⸺⸺ □

하루 계획 – 체계적인
할 일 목록 만들기

—

생각을 기록하는 습관을 갖게 되었다면, 이젠 하루 계획을 통해 할 일을 관리하고 일을 풀어가야 한다. 계획은 다양한 일들이 발생하는 상황에서 핵심을 분석하고 일의 우선순위를 찾게 하여 원하는 결과물을 도출할 수 있도록 도와준다.

워라밸을 완성하는 하루 계획 만들기

나는 워크플로위를 4년째 사용하고 있다. 물론 처음부터 효율적으로 사용했던 것은 아니다. 한두 달 정도의 기록이 쌓이고 쌓인 기록들을 분석하면서 작성하는 방법의 문제점을 파악하게 되었고, 이것을 하나하나 해결하면서 능률을 극대화할 수 있었다.

워크플로위는 특히 하루 계획을 짤 때 효율적이다. 하루의 시간과 일을 관리하면서 체계적으로 계획을 짤 수 있도록 도와준다. 그동안의 할 일 관리는 업무 과정을 되짚어 볼 방도가 없다는 문제점이 있었다. 워크플로위에서는 과거의 할 일 목록을 다시 확인할 수 있기 때문에 지난 업무가 어떻게 마무리되었는지 살펴볼 수 있다.

하루 계획을 꾸준히 세우면 다음과 같은 장점 3가지를 얻을 수 있다.

첫째, 하루 할 일과 시간을 통제한다.

누구나 일을 할 때에는 계획을 세우고 시작하지만 '제대로' 세우는 사람은 드물다. 하루 계획을 잘 세우면 할 일 목록을 통해 중요한 일과 중요하지 않은 일들을 제한하고 우선순위를 정하여 하루의 시간을 알차게 사용할 수 있다.

둘째, 시간 도둑에게 시간과 집중력을 빼앗기지 않는다.

일에도 내비게이션이 있다면 원하는 목표까지 헤매지 않고 정확히 갈 수 있을 것이다. 일에 있어 이러한 내비게이션 역할을 하는 것이 바로 하루 계획이다. 하루 계획은 다른 길로 빠지지 않고 정확히 목표를 향해 달려갈 수 있도록 한다.

셋째, 당신의 퇴근 시간을 지켜 준다.

퇴근 시간 혹은 자신이 정해 놓은 시간에 맞게 하루 계획을 세우지 않으면 업무 마감 시간을 지킬 수 없다. 하루 계획은 모든 일에 작업 시간과 마감 시간을 정해 오버되는 시간 없이 일을 마무리할 수 있도록 한다.

하루 계획을 세울 때 중요한 것은 할 일 목록을 작성하는 것이다. 할 일 목록을 작성한 후에는 일을 분석하여 중요도를 파악하고 순서를 결정해서 진행한다. 하루 계획 목록은 일뿐만 아니라 사적인 사항 등 여러 가지 주제를 작성해도 좋다.

하루 계획은 일과 시간을 통제하며 퇴근 시간을 지켜 준다

https://youtu.be/x_Ltg50ClaY

〈하루 계획 목록〉

- 할 일 목록
- 회의, 미팅록
- 아이디어
- 일기
- 프로젝트
- 기타(맛집, 구매)

　목록을 보면 '이미 작성하고 있는 목록들인데….'라고 생각할 수도 있을 것이다. 하지만 가슴에 손을 얹고 생각해 보자. 계획을 매일, 꾸준히 작성하고 전에 작성했던 것들을 다시 꺼내어 분석하고 있는가? 아마 'NO'인 사람이 대부분일 것이다. 계획은 적는 그 자체만으로도 중요하지만, 계획에 있어 가장 중심이 되어야 하는 것은 매일같이 계획을 세우며 한 주 전, 한 달 전에 작성했던 이전의 자료들을 다시 보면서 복기해야 한다는 것이다.

　하루 계획을 세우면 그 하루는 물론 하루하루가 모여 한 달, 한 달 한 달이 모여 일년의 삶이 달라진다. 당장 현재의 모습을 변화시키고 싶다면 하루 계획을 꾸준히 세우길 바란다.

하루 계획을 위한 저장소 선택하기

계획을 세우기 위해서는 저장소가 필수이다. 꾸준하게 작성할 수 있고 다시 꺼내 볼수 있는 곳을 선택해야 한다. 대부분 수첩이나 스케줄러를 사용하는데, 이것은 실시간으로 발생하는 새로운 일과 메모를 추가하는 작업에서는 조금 불편할 수 있다. 또한기존에 있던 계획을 다시 재구성하는 것이 번거롭고 각각의 일의 관계성에 대해 파악하기 어렵다. 일은 중간중간 불규칙하게 발생하기도 하고 정리 방식도 제각각이어서쉽게 추가, 수정이 어렵다. 워크플로위는 아날로그 도구면에서 그 기능은 비슷하면서도 실시간 계획 처리와 계획을 수정하여 다시 짜는 것이 수월하여 계획을 관리하기에는 더할 나위 없이 효율적이다.

나는 워크플로위의 주 작업 공간으로 '하루 계획'을 사용하고 있다. 아이디어, 일기 등 모든 생각들을 먼저 '하루 계획' 공간에 작성한 후 분류 작업을 통해 새로운 프로젝트로 가공시킨다. 사전에 미리 주제별로 관리하면 주제에 맞지 않는 계획이 생길 수도 있고 계획에 따라 주제별 목록이 끊임없이 늘어나 도리어 찾아보기 힘들어질 수도 있다. 처음에는 모든 것을 한곳에 작성하고 일정 자료가 쌓였을 때 분류하도록 한다. 또한 계획의 진행 여부를 쉽게 파악하기 위해 날짜를 기입해 두도록 한다.

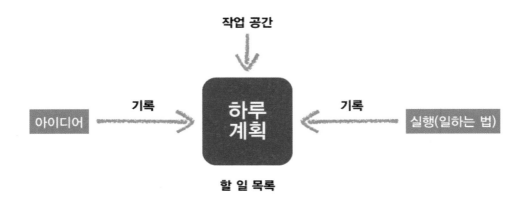

매일같이 세운 계획이 1년이면 700개가 된다

하루 계획에는 매일 할 일 목록을 작성한다. 이때는 주기적으로 해야 하는 할 일, 하고 싶은 일, 장기적인 목표를 작성한다.

하루에 2개씩, 한 달에 5개씩, 일년에 11개의 계획을 세우면 700개가 넘는 계획이 생겨난다. 습관적으로 계획을 작성하고 달성하는 과정을 통해 새로운 변화와 원하는 목표에 근접할 수 있다.

- 연간 계획 11개
- 월간 계획 5개 * 연간 60개
- 하루 계획 2개 * 연간 700개(대략)

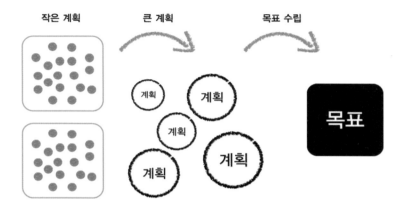

작은 계획   큰 계획   목표 수립

계획   계획   계획   계획   계획

목표

계획에는 단기 계획과 장기 계획이 있다. 단기 계획은 일을 끝내는 시간을 쉽게 파악하고 바로 실행할 수 있기 때문에 주로 '무엇을 하는가'에 대한 질문을 통해 해야 할 일을 기록한다. 반면에 장기 계획은 며칠 혹은 몇 개월에 걸쳐서 해야 하기 때문에 '왜 해야 하는가'에 대한 질문과 답을 하며 꾸준히 지속할 수 있는 동기부여를 마련해야 한다.

특히 장기의 경우 기간이 긴 계획인 만큼 업무의 양이 많기 때문에 일을 하나하나 처리해 나갈 수 있도록 일을 세분화하는 작업을 해야 한다. 일을 잘게 나누어 단계별 과정을 만들어야 한다는 것이다. 즉, 손에 잡힐 수 있도록 세부적으로 쪼개어 작성해야 한다. 이렇게 하기 위해서는 목록을 자세하게 작성해야 한다.

예를 들어 신규 강좌를 준비한다고 가정하면 강의를 기획하고 주제를 잡은 후 슬라이드를 제작하는 과정을 거쳐야 한다. 각각의 단계에서 작업의 역할과 양을 분석하여 일을 쪼개는 작업을 해야 한다. 이를 통해 작업에 따라 얼마의 시간을 들여야 하는지, 언제 해야 하는지를 구체적으로 알 수 있다. 시간을 분배하여 꾸준하게 작업하다 보면 모든 일은 실수 없이, 원하는 것을 시간 안에 처리할 수 있다. 이처럼 계획은 특히 한 가지 일을 할 때 보다 여러 일을 동시에 할 때 그 효율이 배가된다. 계획을 통해 일하는 방법은 챕터 4장에서 자세히 설명하도록 하겠다.

계획은 내가 생각했던 삶을 이룰 수 있도록 한다. '이것을 하겠다', '이러한 것을 이루겠다'라는 막연한 계획은 현실이 아닌 머릿속에서만 실현될 가능성이 크다. 어느 날 한 순간의 생각이 삶을 변화시키는 것이 아니라 꾸준히 작성한 것들이 미래를 이끌어 나간다.

하루 계획을 세우는 5가지 단계별 프로세스

하루 계획을 작성할 때에는 아래와 같은 프로세스를 사용하여 일을 효율적으로 처리할 수 있도록 한다.

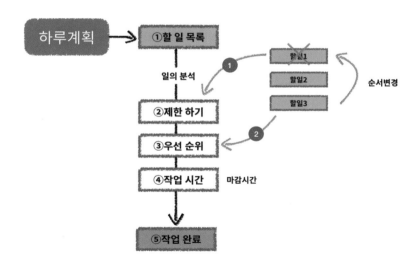

하루 계획을 작성하는 공간에 함께하면 좋은 것은 아이디어와 일기이다. 하루 계획과 아이디어가 함께 공존할 경우 서로의 시너지 효과를 얻을 수 있고 생각지도 못한 아이디어를 떠올릴 수 있다. 일기는 삶의 의미를 찾을 수 있는 좋은 방법이다. 일상에 지쳐 무기력해질 때, 일기를 보면서 계획을 실천하겠다는 마음을 다잡을 수 있다.

하루 계획을 처음 작성할 때에는 먼저 날짜를 기입한다. 할 일 목록은 그날 해야 하는 정해진 일도 있지만 랜덤으로 들어오는 일도 있다. 먼저, 오늘 해야 하는 할 일 목록을 모두 적고 난 후 (랜덤으로 들어오는 일은 중간중간에 계속 적도록 한다) 우선순위를 부여한다. 예를 들어 5개의 할 일 목록을 작성했다고 가정했을 때 급하게 처리해야 하는 할 일은 ①번, 급하지 않고 단지 오늘 안에만 처리하면 되는 일은 ⑤번으로 작성하여 일의 중요도를 판단한다. 이렇게 우선순위를 적어 놓으면 하루가 끝날 때쯤 작업 진행 여부를 확인할 수 있다.

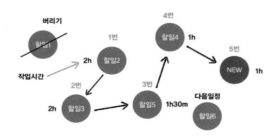

하루 계획을 꾸준히 작성하면 달라지는 것은 시간 관리다. 이전에는 할 일 목록에 있는 일들을 모두 처리하지 못해 야근을 하거나 다음날로 넘겨서 작업하는 경우가 많았다. 이러한 일이 발생하는 이유는 일하는 시간을 정확히 측정하지 않고 오로지 할 일만을 작성해 놓았기 때문이다. 무조건 할 일 목록을 많이 만들어 놓기 보다는 하루에 처리할 수 있는 목록만 작성해야 한다. 최대 5개 정도가 적절하다. 한 개당 일하는 시간을 한 시간 내지 두 시간 정도로 잡고 30분 이내에 처리되는 일들은 몰아서 한 번에 처리한다.

계획을 세우기 위해서는 일하는 시간을 정확하게 알아야 한다. '대략 이 시간까지 끝내야겠다' 혹은 '끝낼 수 있겠다'라는 것으로는 시간을 제대로 파악할 수 없다. '대략'은 딱 정해진 게 아니기 때문에 일을 제시간에 못 끝낼 가능성이 높다.

할 일 목록에는 바로 할 수 있는 것과 그렇지 못한 것이 있다. 바로 할 수 있는 일은 한두 시간 안에 처리할 수 있는 것을 말한다. 이와 반대로 단시간에 처리할 수 없는 것은 다음 일정으로 넘기도록 한다. 이때 오늘은 아니지만 빠르게 처리해야 하는 할 일은 #todo 태그를, 언젠가는 해야 하는 할 일들은 @someday 태그를 넣어 둔다. 즉 오늘, 이번 주, 지난주에 하지 않은 일들은 @someday 태그를 넣어 빨리 처리해야 하는 할 일부터 처리하거나 하지 않아도 될 일은 버리는 작업을 정기적으로 한다.

하루 계획

1) 할일 리스트
2) 할일 리스트
3) 할일 리스트
4) 할일 리스트
5) 할일 리스트

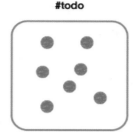

#todo

@someday

하루 계획을 꾸준하게 작성하면 과거의 할 일 목록을 파악해서 일의 핵심을 분석할 수 있다. 해야 하는 할 일 목록(중요한 일)과 하지 말아야 하는 할 일(중요하지 않은 일) 목록을 통해 일의 중요도를 파악할 수 있다. 이러한 과정을 통해 현재의 계획을 어떻게 세워야 하는지 정확히 알 수 있게 된다.

할 일 목록

할 일 목록은 먼저 날짜를 입력한 후 내용을 작성한다. 다음은 6월 19일 나의 할 일 목록이다.

#0619 화 – 기업컨설팅보고서, 생산성강좌

- 1> S그룹 퇴직자임원 에버노트 강좌 강의안 제공 1h
- 2> 기업 컨설팅 한달 내용 정리 보고서 작성 - 1h
- 3> S대워크특강 - #6019 AS107 pm02~05 3h
- 4> K그룹 생산성 강의안 2h
- 5> 팟캐스트 122-2부 업로드 1h
- 생각-계획-실행 체크리스트 어떻게 되는가 @wfb
- 작게 목표를 계획하고 실행하라 @wfb
- 4W1H 방법으로 유튜브 운영 계획과 실행 세우기 @ytb
- 계획 세우기 최소원칙중에 그림이 계획이다 @id
- 고민은 비싼 비용이다 @id #fail

할 일 목록 작성은 간단하게 한 줄로 작성하는 것이 아니라, 하위로 상세 내용을 육하원칙으로 풀어서 작성해야 제대로 실행할 수 있다. 이후 작업을 마치면 선을 그어 완성 표시를 한다. 육하원칙으로 작성할 때에는 일을 어떻게 진행할 것인지 상세하게 적어 정확하게 무엇을 할 것인가를 파악한다.

〈육하원칙(六何原則)〉

- 누가(who, 何人)

- 언제(when, 何時)

- 어디서(where, 何處)

- 무엇을(what, 何事)

- 어떻게(how, 如何)

- 왜(why, 何故)

1> S그룹 퇴직자임원 에버노트 강좌 강의안 제공 1h

- 강의목적 : 에버노트의 유용성과 기본적인 사용법
  - 강의는 주로 제 2의 인생 설계를 위한 창업, 재테크 강의 및 가족들과의 시간을 위한 여행, 예술 그리고 인문학 교양 강좌 등 다양하게 진행하며, 이번에는 홍순성 대표님의 [에버노트 활용법]에 대해 니즈가 있어 이렇게 요청을 드립니다
- 일정: 7월 15일 오전 10시 ~ 12시
- 담당자 : 000매니저
- 대상: S그룹 퇴직 고위 임원 20명 내외
- 장소: 삼성동 포스코 세미나실
- 강좌명 : 디지털 시대의 기록 기술 에버노트(EVERNOTE)
  - 강의내용 : 에버노트와 함께 스마트한 디지털 라이프 생활을 도와주는 방법입니다.
  - 강의목차 : 에버노트의 유용성과 기본적인 사용법
    - 에버노트 최고의 수집 도구다
    - 꼭 알아야 할 에버노트 5가지 기능
    - 복잡한 관리 없이 잘쓰는 방법
    - 제 2의 인생 설계 위한 정보관리 방법

제한하기

일의 효율을 높이기 위해서는 하루에 처리해야 하는 일을 제한하고 최대한 일에 집중하는 방법을 찾아야 한다. 할 일 목록을 작성할 때에는 전날 처리하지 못한 일들을 무작정 적어 놓거나 그날에 끝내지 않아도 될 일을 작성하는 등 중요도가 낮은 일에 시간을 쓰지 않도록 한다. 또한 일의 시간 배분을 제대로 하여 늦게까지 잔업을 하지 않도록 하며, 정해진 시간 안에 최대한의 효율과 집중력을 발휘할 수 있는 환경을 만들도록 한다. 즉, 정말 필요한 것에 집중할 수 있도록 적당한 '제한선'을 그어야 한다.

일을 제한할 때에는 먼저 중요도가 낮은 일, 목표를 달성하는데 도움이 되지 않는 일을 제한한다. 또한 당장은 이익이 되지만 장기적으로 이익이 되지 않는 일을 줄이고 메시징이나 일하는 도중에 딴짓을 하지 않도록 한다. 작업 환경에서는 멀티태스킹을 하는 것보다 싱글태스킹으로 일에 조금 더 집중할 수 있도록 한다.

어떤 일을 제한해야 할지 판단이 어렵다면 과거의 할 일 목록을 보면 된다. 할 일 목록에 있지만 하지 않은 일들은 중요도가 떨어지는 일이다. 이러한 일들부터 제한한다. 또한 이전에 처리한 할 일 중에 당시는 중요했던 일이지만, 이 일이 현재도 중요한 일인지 파악한다. 이를 통해 앞으로 일의 진행 여부를 판단하는 기준을 마련하도록 한다.

할 일 목록에 넣어 두고 처리하지 않은 일은 상당수 존재한다. 이런 일의 특징은 중요하지 않은 일인데 무조건 할 일 목록에 넣어 둔 보험적인 성격이 강한 일이거나 정확히 계획을 세우지 않거나, 장기적 목표인 경우가 많다.

우선순위

모든 일을 처리해야 한다는 강박관념을 버리지 못하면 일은 절대 줄어들지 않는다. 일의 핵심 분석을 통해 덜 중요한 일은 줄이고 중요한 일 위주로 작업을 해야 한다. 일의 우선순위를 정하는 가장 정확한 방법은 직접 하나씩 얼마나 중요한지 점수를 매겨서 측정하는 것이다. 그러나 이러한 일 처리 방법은 시간이 오래 걸릴 뿐만 아니라 매일 하기에는 불가능하다.

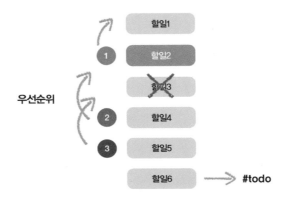

우선순위를 가리기 위해 먼저 아래 질문에 답을 작성하면서 일의 중요도를 판단해 보도록 한다.

① 내가 소중히 여기는 가치는 무엇인가?(중요한 것)

② 내 목표는 무엇인가?

③ 나는 어떤 것을 좋아하는가?

④ 나에게 가장 중요한 것은 무엇인가?(일, 관심 분야)

⑤ 장기적인 효과가 가장 큰 것은 무엇인가?

만약 우선순위를 정하여 작성한 할 일 목록 이외 갑자기 새로운 할 일이 발생한다면 일을 분석하여 아래와 같이 4가지로 구분하도록 한다. 당장 처리해야 하는 할 일이라면 하루 계획에, 한두 주 안에 처리하려면 #todo 태그를 넣어 마감 일정을 고려한다. 시간적 여유를 두고 해야 하는 일이라면 @someday 태그를 넣어 작업한다. 하지 않아도 되는 일이라면 과감히 버리는 작업을 한다. @someday 태그를 삽입한 일들은 정기적으로 일정을 잡고 처리 시간을 마련해야 한다.

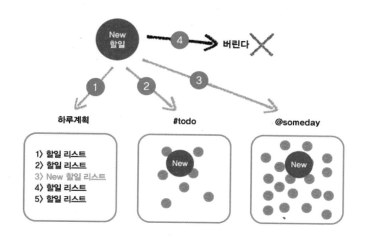

마지막으로 다음의 3가지 질문을 스스로에게 던져 본다. 꼭 해야 하는 할 일, 남에게 시킬 일, 하지 말아야 하는 할 일을 하나씩 작성한다.

① 내가 지금 하고 있는 일 중에서 필요 없는 일은 무엇인가?

② 나의 일과 중에서 다른 사람이 대신 할 수 있는 일은 무엇인가?

③ 내가 다른 사람의 시간을 빼앗는 것은 무엇인가?

(❖ 피터 드러커의 책 '피터 드러커의 자기경영노트'에서 발췌)

할 일 목록 작성에서 중요한 것 중 하나는 하루 시간에서 잉여 시간을 확보하는 것이다. 하루 종일 휴식 없이 일을 하는 것은 오히려 생산성이 떨어진다.

매년 흐지부지 끝나는 연간 계획도 우선순위를 정하면 달성률을 크게 높일 수 있다. 먼저 연간 계획을 세울 때에는 너무 많은 계획을 세우지 말고 올해 꼭 이루고 싶은 11개의 계획을 작성한다. 이후 계획을 어떻게 세울지 육하원칙을 통해 설계한다. 우선순위에 따라 A, B, C 순으로 분류한 후 A에 4개, B에 4개, C에 3개를 나열한다. 연간 계획 순서는 A 계획을 이룬 후에 B 계획을 처리하는 식으로 진행한다. 우선순위는 일의 중요도에 따라 가장 원하는 것, 중요한 것부터 차근차근 하나씩 실현하게 해 주기 때문에 무작정 계획을 실행하는 것보다 목표에 더 근접할 수 있다.

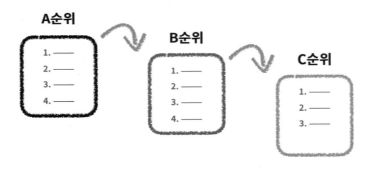

작업 시간

할 일 목록을 작성하고 일을 제한하며, 우선순위를 정해서 일을 시작했다면 이제 작업 시간을 파악해 시간 배분을 해야 한다. 체계적으로 계획을 세웠다고 해도 각각의 작업 시간이 정해지지 않으면 일을 제시간에 끝내지 못해 잔업을 하거나 업무가 다음 날로 미뤄질 수 있다.

예를 들어, 오늘 처리해야 하는 할 일이 4개이고 1개의 미팅 일정이 있다고 가정해 보자. 할 일 목록을 작성할 때 정확한 업무 시간을 체크하지 않으면 일이 몇 시 정도에 끝나는지 파악할 수 없어 미팅 시간을 몇 시로 잡아야 할지 정하기 어렵다. 이럴 때에는 할 일의 목표 시간(처리 가능한 시간)을 정해 시간을 체계적으로 사용해야 한다.

작업 시간을 상세하게 짤 때에는 할 일 목록을 캘린더에 채우면서 시간을 배분하는 연습을 한다. 예를 들어 아침 9시부터 저녁 6시까지 시간을 정해 시간대별로 할 일 계획을 채운다. 캘린더 앱의 사용은 단지 시간을 파악하기 위한 것일 뿐, 따로 할 일을 관리하지 않도록 한다. 할 일은 워크플로위 내에서만 관리한다.

작업 시간을 정확하게 예측하기 위해서는 일을 아주 작게 쪼개는 과정이 중요하다. 최대 2시간 정도로 작업을 쪼개서 하루 일정을 7~8시간 정도로 잡는다. 일전에 했던 일이라면 끝점에서 처음 지점으로 역순으로 생각하며 작업을 고려한다. 만약에 여기서 추가적인 할 일 목록이 발생하게 된다면 오버워크가 생길 수 있으니 오늘 꼭 처리해야 하는 일인지 우선순위를 판단하도록 한다.

예측한 시간을 할 일과 비교해 가며 다음 할 일 계획을 짤 때에는 보다 정확한 시간을 파악하도록 한다. 만약 계획을 빈틈없이 짰음에도 할 일 목록을 다 처리하지 못했다면, 그 할 일 목록은 잘못 작성되었을 가능성이 크다.

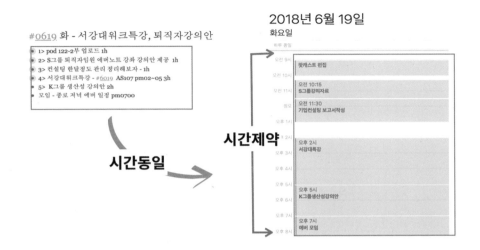

2018년 6월 19일
화요일

#0619 화 - 서강대워크특강, 퇴직자강의안

- 1> pod 122-2부 업로드 1h
- 2> S그룹 퇴직자임원 에버노트 강좌 강의안 제공 1h
- 3> 컨설팅 한달정도 관리 정리해보자 - 1h
- 4> 서강대워크특강 - #6019 AS107 pm02-05 3h
- 5> K그룹 생산성 강의안 2h
- 모임 - 종로 저녁 에버 일정 pm0700

시간동일

시간제약

오전 9시 팟캐스트 편집
오전 10시
오전 11시 오전 10:16 S그룹강의자료
정오 오전 11:30 기업컨설팅 보고서작성
오후 1시
오후 2시 오후 2시 서강대특강
오후 3시
오후 4시
오후 5시 오후 5시 K그룹생산성강의안
오후 6시
오후 7시 오후 7시 에버 모임
오후 8시

작업 완료

계획을 세우고 어떻게 처리했는지 파악하지 않으면 작업은 개선되지 않는다. 작업 완료

는 단순히 일을 마치는 것이 아니라 작업 과정을 파악해서 미래의 또다른 계획을 수립

하는 방법을 찾는 일이다. 일하는 법을 이해하며 개선 전략을 세울 수 있도록 한다. 일

의 처리 방법, 문제점 등을 상세하게 작성하여 동일한 일이 발생할 때 참고할 수 있도록

한다.

계획은 철저하게 관리할수록 좋은 결과로 되돌아온다. 간단하게 시작하는 아침 일기나 그날의 강의 후기, 중간중간 작성하는 아이디어 계획 등 대수롭지 않은 일상의 자료가 쌓이면서 커다란 가치로 돌아온다.

팀 페리스는 자신의 책 '나는 4시간만 일한다'에서 누구나 4시간의 핵심을 이해하면 보다 가치 있는 일에 집중할 수 있다고 말한다.

첫째, 중요한 일에 집중하라. 일반적으로 '80대 20 법칙'이라는 파레토 법칙에 대해 언급한다. 투입물(시간, 종업원, 고객)의 20%가 산출물(결과, 판매, 생산성)의 80%를 만든다. 결국 우리는 20%에 대해 집중하는 것이 나머지 80%에 집중하는 것보다 낫다. 다시 말해, 일의 핵심을 찾아 집중해야 한다는 것이다.

둘째, 마감 효과이다. 마감 시간이 임박해질수록 엄청난 집중력이 발휘되고 꼭 필요한 일에만 집중하게 된다. 무엇이 중요한지 안다고 하더라도 당신을 집중하게 만드는 마감 시간이 없다면, 당신에게 주어진 자질구레한 업무는 계속해서 증가하게 된다.

체계적인 하루 계획 작성하기

할 일 목록은 언제 작성하는 것이 좋을까?

대부분의 사람들은 하루 계획(할 일 목록)을 하루를 시작하는 아침이나 일을 하기 직전에 세우곤 한다. 계획을 세우는 시간은 계획의 효율과는 크게 관련 없어 보이지만 이 미묘한 차이가 계획의 성과를 크게 좌우한다.

미리 계획 세우기

	AM 9:00	PM 1:00	PM 6:00
		하루계획	

하루 계획은 전날 저녁에 세우는 것이 가장 효율적이다. 아침에 일어나 허겁지겁 할 일들을 기억하려고 애쓸 필요가 없어진다. 전날에 할 일 목록을 작성하면 아침에 바로 처리해야 하는 할 일들을 본격적으로 시작할 수 있어 하루를 보다 효율적으로 사용할 수 있다.

어떻게 작성하는지에 따라 결과는 달라진다

하루 계획을 작성한지 벌써 3년째다. 매일매일 꾸준히 작성하고 처리하는 과정을 거치면서 삶의 변화를 뼛속 깊이 느끼고 있는데, 특히 2017년에는 다른 여느 때보다 최대의 결과물을 얻을 수 있었다. 어떠한 변화가 기존과 다른 결과를 가지고 왔는지 궁금하여 작성한 계획을 분석해 보니 아래와 같은 내용을 도출할 수 있었다.

첫째, 계획을 명확하게 작성한다.

계획 작성 방법에 따라 실행 결과가 달라진다. 목록을 작성할 때에는 무엇을, 언제, 어디서 할 것인지 명확하게 정하여 일하는 것을 망설이지 않게 한다. 다시 말해 한두 줄의 단순 기록보다는 어떻게 할 것인지 구체적으로 기록하여 바로 실행에 옮길 수 있도록 한다. 앞서 언급한 육하원칙을 사용해 자세하게 기록하면 작업 효율이 높아진다.

둘째, 정확한 작업 시간을 정한다.

하루에 끝낼 수 없거나 꼭 해야 되는지 판단이 명확하게 서지 않는 일의 경우에는 빠르게 판단해서 할 일 목록에 넣을지 아니면 다음 일정(@someday)에 넣을지 정한다. 할 일 목록에 넣을 경우에는 정확한 작업 시간을 정해서 완료 처리를 할 수 있도록 한다.

셋째, 실행 가능한 것을 파악한다.

일의 핵심을 분석하지 않고 할 일 목록을 작성하면 당장 처리하지 못하거나 실현 불가능한 계획이 될 수 있다. 실행할 수 없다고 생각되면 제거하거나, 실행할 수 있도록 작게 쪼개는 작업을 한다. 바로 실행하기가 어렵다면 앞으로 작업할 예정인 목록에 넣어 분류해 두도록 한다.

계획을 어떻게 작성하느냐에 따라 결과도 다르다

	2016년	2017년
명확하게	✕	○
시간예측	✕	○
실행여부	✕	○

계획을 작성하면서 가장 중요한 것은 핵심을 분석하고 하지 않아도 되는 할 일을 제거하는 것이다. 이런 점을 항상 염두에 두고 작업해야 한다.

하루에 처리하기 어려운 큰 일은 일을 정확하게 분석해서 세워야 한다. 만약 일이 큰 덩어리라면 일을 잘게 쪼개어 최소한의 일로 만든다. 일을 계속 반으로 나눠 더이상 쪼개지지 않을 때까지, 아주 작아서 실패할 수 없을 정도의 작은 일로 만든다. 그 일을 할 일 목록에 넣고 하나씩 처리해 나간다.

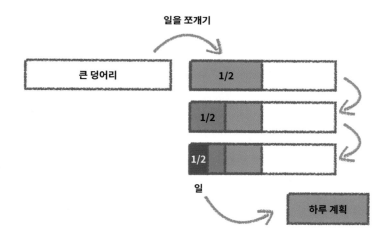

하루 계획을 세울 때에는 무엇보다 자신에게 솔직해야 한다. 할 수 있다고 해도 시간적으로 여유가 있는지, 능력 밖의 작업인지 명확하게 알고 있어야 한다. 절대적인 시간 안에서 최대한의 효율을 이끌어 내기 위해서는 철저하게 객관화된 계획이 중요하다.

작성한 할 일 목록을 기준으로 열심히 일을 했지만 처리하지 못한 일들이 남는다면? 그럴 경우 다음과 같이 할 일 목록을 짜지 않았는지 확인해 보도록 한다.

첫째, 할 일 목록이 많아 처리하지 못할 때

할 일 목록이 너무 많거나, 작업 시간을 파악하지 못해서 오버워크가 일어난 경우다. 전체적으로 일을 줄이거나 할 일 목록을 작성할 때 작업 시간을 넣어서 하루에 할 수 있는 일을 예측하도록 한다. 하루에 해야 하는 일의 목록을 최대 5개 정도로 제한하여 일을 처리한다. 우선순위에 상관없이 할 일들을 모두 넣으면 목록에 있는 일 중 어떤 일에 집중해야 하는지 결정하기 어려워 능률이 떨어질 수 있다.

둘째, 어떻게 처리해야 할지 몰라 계속 미룰 때

중요할 것 같아 할 일 목록에 넣어 놓았지만 어떻게 처리해야 할지 몰라 미루는 경우이다. 일을 다시 판단하여 당장 급하지 않거나 처리하지 않아도 되는 일이라면 바로 삭제하고 해야 하는 일이라면 위의 방법과 같이 일을 쪼개어 작은 일부터 하루 계획에 넣고 순차적으로 처리한다.

셋째, 정보성 자료인데 할 일 목록에 보관할 때

프로젝트, 기획 작업, 자료 조사 데이터, 회의록 등 할 일에서 파생된 정보들을 넣어 두는 경우이다. 이럴 때에는 다른 목록으로 정보들을 옮기거나 태그를 넣어서 분류하도록 한다.

이 밖에도 협업으로 인해 다른 사람과 함께 작업해야 하는 일들이 할 일 목록에 계속 남아 있는 경우도 있다.

하루가 끝나기 전, 할 일 목록에 있는 일을 모두 끝내고 퇴근하기를 바란다. 하루를 시작할 때 쌓여 있는 일 때문에 스트레스를 받기 보다 전날 하루 계획을 작성하면서 일을 시작하기 위한 새로운 마음가짐을 갖고 최대한의 효율을 이끌어 낼 수 있도록 한다.

#0619 화 - 기업컨설팅보고서, 생산성강좌

- 1> S그룹 퇴직자임원 에버노트 강좌 강의안 제공 1h
- 2> 기업 컨설팅 한달 내용 정리 보고서 작성 1h
- 3> S대워크특강 #6019 AS107 pm02~05 3h
- 4> K그룹 생산성 강의안 2h
- 5> 팟캐스트 122 2부 업로드 1h

하루를 진취적으로 만드는 일기 쓰기

일기를 쓰는 시간은 가장 현실적으로 판단하는 시간이며 나를 보다 이해하는 시간이다. 일기를 아침에 쓰는 이유는 그날의 잘못보다는 진취적이고 나아갈 수 있는 사고를 하기 위함이다. 일기에는 어제의 경험을 작성해도 좋고 하루를 어떻게 시작할지 사색하는 글을 써도 좋다.

- #1024 화 – 살아가기
  - @일기
    - 생존, 다시 생존, 살아가기, 일어서기
    - 인생에 여러 허들이 있다. 건너야 새로운 기회도 가질 수 있고 원하는 목표도 얻을 수 있다. 하지만 허들의 높이와 관계없이 포기하는 경우가 많은데 이때는 과감한 시도가 답이다. 이때 힘들더라도 이겨내고 나아가면 달라지는 인생이 펼쳐질 수 있다. 절대 내 앞에 있는 허들에 포기하지 말아라.
    - 후회도 해보고 후회해라. 다음에 다시 도전할 수 있도록 말이다.

어떤 내용으로 작성할지 어렵다면 "하루 세 줄, 마음정리법(고바야시 히로유키 저)" 책에서 인용한 아래의 하루 세 줄을 기반으로 일기를 써 보도록 하자.

1) 가장 실패했던 일(안 좋았던 일)

2) 가장 좋았던 일(감동했던 일)

3) 오늘 또는 내일의 목표 / 하고 싶은 말

태그로 관리하는 할 일 분류 방법

하루 계획에 있는 할 일 목록을 살펴보면 동일 주제이기보다 서로 연관되지 않은 일들이 모여 있는 경우가 많다. 이때 각각의 할 일과 관련된 내용을 함께 볼 수 있다면 전체적인 흐름을 파악하여 작업하기가 수월할 것이다.

태그는 다양한 작업 공간에서도 관련 주제를 한곳에서 작업하는 것처럼 관리한다. 이러한 태그를 할 일 목록과 함께 작성하면 관련 내용들이 한곳에 있지 않아도 원하는 내용을 언제든지 찾아서 사용하는 것이 가능하다.

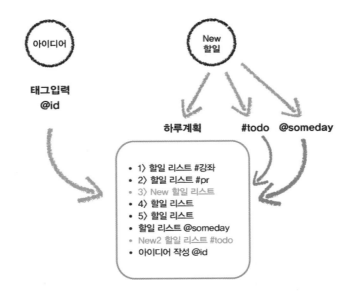

효율적인 검색을 위한 태그 사용하기

태그의 장점은 훌륭한 검색 기능이다. 비슷한 부류의 데이터에 같은 태그를 넣어 둔 후 태그를 검색하면 관련 내용들을 한 번에 볼 수 있다.

〈태그 작업 유형〉

- 아이디어 관리: @id

- 할 일 관리: #todo, @someday

- 프로젝트 관리: #pr

- 기타(구매, 여행, 일기): @구매, @여행, @일기

[plan] 할일(to-do)

@일기 #todo @Someday @hong
#강좌 #1coop (협동조합)
@id @PS노트 @ev @pod
@qa (질문부자) @book (책쓰기) @output (생산성2.0)
@wf (생각정리도구) @yb (유튜브)
@후기 (강의후기) #fail (실패하지않는법)

아래는 계획에서 사용하는 용도별 태그 사례이다. 참고해서 사용해 보도록 하자.

① 할 일 태그: #todo, @someday

- #todo: 한두 주 이내 빠르게 처리해야 하는 할 일

- @someday: 언젠가는 꼭 처리해야 하는 할 일

할 일 관리 태그는 두 가지를 사용한다. 적어도 한 주에 하루 정도 두 태그를 모두 확인하여 하지 않은 일을 처리한다. 이런 작업을 반복적으로 한다.

② 아이디어 태그: @id, @wf, @ps노트, @yp

아이디어는 주제별로 나눠서 기록하기보다, 한곳에 작성해 놓고 양이 많아지면 구분한다. 나의 경우 기본적인 아이디어는 '@id'로 작성하며 워크플로위의 경우 '@wf'를 사용

한다. 새로운 프로젝트가 추가되면 해당 주제로 태그를 만들어서 사용한다.

③ 생각 정리를 위한 태그: @qa
특정 주제에 대해서 보다 깊이 있는 생각을 하거나 문제 해결을 하고자 할 때 사용하는 태그로써, 주로 질문을 통해 생각을 확장한다. 이 밖에 글쓰기나 프로젝트에 대해 깊이 있게 풀어가고 싶을 때 사용한다.

@qa 홍소장은 유튜브 왜 하는가?

- 계속적인 미디어 변화가 있는데 최근 들어 큰 축에서 커뮤니케이션 변화가 일어났다.
- 텍스트에서 동영상으로 달라지다.
- 오랫동안 책 집필했고 블로그와 팟캐스트 운영을 해오고 있으나 변화가 일어나면서 동영상으로도 해야 할 때다.
- 동영상으로 전달하고 싶은 것이 생겨나면서 시도중이다

태그는 #과 @ 두 가지가 존재한다. 기능의 차이는 없으므로 사용자에 따라 구분해서 사용하면 된다. 나는 #은 주로 프로젝트나 할 일에, @는 아이디어나 사람, 장소 등으로 사용한다.

초반부터 태그 사용을 늘리기보다 최소한의 태그만 작성하는 것이 좋다. 아이디어와 할 일, 프로젝트 위주로 만들어 사용하고 이후 한두 개씩 추가한다.

워크플로위는 텍스트 중심의 프로그램이기 때문에 검색 시 태그 사용의 편리성은 정말 뛰어나다. 검색은 한 개의 키워드뿐만 아니라 두세 개 키워드로도 가능하며, 이때도 태그와 함께 검색하면 보다 원하는 것을 정확하게 얻을 수 있다. 검색이 얼마나 효율적인지 자세히 알고 싶다면 아래 사이트에서 살펴보기 바란다. 태그와 검색의 장점을 함께 알 수 있다.

태그와 검색의 장점

http://bit.ly/wf-roombyroom

하루 계획을 작성하고 실행하는 5주 차 프로젝트

하루 계획을 매일같이 작성하고 싶은데 어떻게 해야 할지 고민이 된다면 "하루 계획 5주 차 프로젝트"를 시작하자. 이 프로젝트에서 가장 중요한 것은 꾸준하게 기록하는 습관이다. 단순히 기록하고 끝내는 것에는 의미가 없다. 기록한 내용을 파악하고 결과를 만들어 내는 작업을 반복적으로 하여 진짜 내 것이 될 수 있도록 해야 한다.

- ● *1주차 – 매일같이 날짜별 기록 습관 시작*
- ● *2주차 – 히스토리 파악과 작업순서 결정*
- ● *3주차 – 명확한 사고를 위한 태그 작업*
- ● *4주차 – 태그 기반의 형태로 자료 구분*
- ● *5주차 – 나만의 생각정리 방식 수립하자*

기간	작업	주요 역할
1주 차	매일같이 날짜별 기록 습관 시작	① 할 일 목록을 작성한다. ② 하루 시작과 함께 아침 일기를 작성한다. ③ 하루 동안 발생한 아이디어와 일들을 자세히 기록한다. ④ 첫 주에는 태그 사용 없이 작성한다.
2주 차	전주 히스토리 파악과 작업 순서 작성	① 1주 차 작업을 반복적으로 진행한다. ② 검색을 통해 히스토리를 파악한다. ③ 작업이 완료된 것은 완료 체크를 한다. ④ 할 일 목록을 작성한 후 앞에 작업 순서를 입력한다. ⑤ 2주 차에 추가로 진행할 미션 2가지
3주 차	동일한 주제를 연결하는 태그 작업	① 2주 차까지 작업을 반복적으로 진행한다. ② 작업을 완료한 것과 그렇지 않은 것을 분석한다. ③ 계획을 작성할 때 명확하게 작성하는 습관을 갖는다. ④ 자주 사용하는 주제는 태그를 넣는다. ⑤ 하지 말아야 할 목록을 작성한다.
4주 차	태그 기반으로 자료 구분	① 3주 차까지 작업을 반복적으로 진행한다. ② 할 일 목록을 태그 작업으로 관리한다. ③ 아이디어에 따른 주제별 태그를 작성한다. ④ 태그를 작성한 후에는 해당 주제로 검색한다.

5주 차	나만의 하루 계획 방식을 발견하다	① 4주 차까지 작업을 반복적으로 진행한다. ② 하루 계획에 무엇을 작성해야 하는지 발견한다. ③ 하지 말아야 하는 할 일을 통해 일의 우선순위를 결정한다. ④ 작업 시간을 알게 되면서 하루 계획이 완성된다. ⑤ 전체적으로 기록하는 양을 조금씩 확대한다.

1주 차 – 매일같이 날짜별 기록 습관 시작

1주 차는 한 달 정도로 노트 작성 기간을 정하고 먼저 날짜를 작성한다. 이후 해당 날짜에 해야 하는 할 일 목록을 모두 정리한다. 이때는 개인과 업무, 주제별 구분 없이 작성한다. 한 개의 목록에는 한 가지 주제만 작성하며 하단에 목록을 추가해 상세 내용을 적는다.

① 할 일 목록을 작성한다.
② 하루 시작과 함께 아침 일기를 작성한다.
③ 하루 동안 발생한 아이디어와 일들을 자세히 기록한다.
④ 첫 주에는 태그 사용 없이 작성한다.

- #0800 - 생산성2.0시작, 일하는법up
  - 주요계획
  - 이달의 질문 3가지
    - Q. 실패하지 않는 방법 찾으려면 어떻게 하나?
    - Q. 책쓰기 하는데 실패하지 않는 방법은?
    - Q. 매일같이 하루하루 책쓰는 방법을 찾으려면?
  - #0801 수 - 워크정리, 워크강좌
  - #0802 목 - 워크팟캐스트, 워크책실전편
  - #0803 금 - 유튜브영상제작하기, 팟캐스트125
  - #0804 토 - 정원장강의, ytb제작
  - #0805 일 - 하루정리, 유튜브영상
  - #0806 월 - 안산강의, 워크강의기획
  - #0807 화 - 워크강의기획, 영상제작

2주 차 – 전주 히스토리 파악과 작업 순서 작성

1주 차 작업을 반복적으로 진행하며, 지난주 할 일 목록을 토대로 무슨 일을 하고 어떤 생각을 했는지 살펴본다. 동일 주제의 작업에 대해서는 해당 키워드로 검색해서 내용을 파악한다.

① 1주 차 작업을 반복적으로 진행한다.

② 검색을 통해 히스토리를 파악한다.

③ 작업이 완료된 것은 완료 체크를 한다.

④ 할 일 목록을 작성한 후 앞에 작업 순서를 입력한다.

⑤ 2주 차에 추가로 진행할 미션 2가지

• 올해의 목표를 작성한다 – 5가지

• 버킷 리스트를 작성한다 – 5가지

3주 차 – 동일한 주제를 연결하는 태그 작업

2주 차까지 작업을 반복적으로 진행하며 꾸준하게 작성한다. 완료된 작업은 모두 체크하고 할 일의 우선순위를 결정한다. 동일한 주제로 작업한 내용이 많다면 해당 주제어로 태그를 작성한다. 무엇을 어떻게 작업해야 할지 보다 명확하게 작성한다.

① 2주 차까지 작업을 반복적으로 진행한다.

② 작업을 완료한 것과 그렇지 않은 것을 분석한다.

③ 계획을 작성할 때 명확하게 작성하는 습관을 갖는다.

④ 자주 사용하는 주제는 태그를 넣는다.

⑤ 하지 말아야 할 목록을 작성한다.

4주 차 – 태그 기반으로 자료 구분

3주 차까지 작업을 반복적으로 진행한 후 할 일 목록 순서와 태그 작업을 확인한다. 이제는 태그 검색을 통해 해당 주제로 어떤 일들이 반복적으로 진행되는지 파악한다. 이때 작업의 양이 너무 적거나 관리할 것이 없다면 양을 계속 늘리도록 한다.

작업 유형에 따라 할 일 관리 태그를 입력한다. 만약 새로운 일이 생기면 #todo 태그나 @someday 태그를 사용해 구분하는 작업을 한다. 또한 아이디어도 몇 가지 주제별 태그를 만들어 분류한다.

① 3주 차까지 작업을 반복적으로 진행한다.

② 할 일 목록을 태그 작업으로 관리한다. (예) #todo, @someday)

③ 아이디어에 따른 주제별 태그를 작성한다. (예) 아이디어: @id, 워크플로위: @wf)

④ 태그를 작성한 후에는 해당 주제로 검색한다.

특정 태그로 검색하면 오늘 작성한 것뿐만 아니라, 이전에 작업한 모든 것이 나열된다. 전체적으로 한눈에 보면서 작업할 수 있다.

- #0807 화 - 워크강의기획, 영상제작
  - 워크플로워 사용자 질문 파악하기 @qa @wfb
  - @qa 스스로 성장하고 변화하는 질문을 어떻게 갖는가?
  - @qa 실행을 위한 일하는 법에 필요한 질문은 어떤 것들이 있는가?
  - @qa 생산성과 동기부여 갖기 위한 질문을 어떻게 될까?
- #0808 수 - 실행독서, 유튜브영상제작
  - 1> 독서휴가2일째 - 능력있는 사람은 질문법이 다르다
    - 질문부자로 스스로 성장하기 @qa

- @qa 스스로 성장하고 변화하는 질문을 어떻게 갖는가?
- @qa 실행을 위한 일하는 법에 필요한 질문은 어떤 것들이 있는가?
- @qa 생산성과 동기부여 갖기 위한 질문을 어떻게 될까?
  - 좋은질문+나쁜질문
    - 스스로가 풀어가고 질문하는 방법을 찾아보자?
  - 주요 질문들
    - 일의 효율을 높이기 위해 나의 생활습관 중 고쳐야 할 것은?
    - 매일 반복적으로 하는 일 가운데 고쳐야 할 것은 무엇인가?
    - 지금 내가 집중하지 못하게 방행하는 것은 무엇인가?

5주 차 – 나만의 하루 계획 방식을 발견하다

4주 차까지 반복적인 작업을 거치면 상당한 양의 목록이 작성된다. 또한 기존에는 없었던 새로운 기록 습관을 갖게 되며, 이를 통해 나만의 생각 정리 방식이 수립된다. 생각 정리를 통해 체계적인 계획을 세우는 방법을 알 수 있으며 기록으로 쌓은 데이터를 어떻게 활용할지 적절하게 판단할 수 있다.

① 4주 차까지 작업을 반복적으로 진행한다.
② 하루 계획에 무엇을 작성해야 하는지 발견한다.
③ 하지 말아야 하는 할 일을 통해 일의 우선순위를 결정한다.
④ 작업 시간을 알게 되면서 하루 계획이 완성된다.
⑤ 전체적으로 기록하는 양을 조금씩 확대한다.

하루 계획 5주 차 프로젝트를 하면 놀라운 기적을 발견하게 된다.

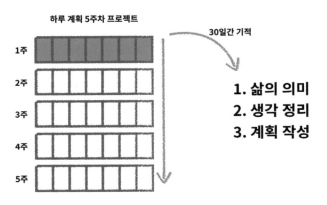

첫째, 삶의 의미 파악이다.

목표가 생기면서 삶의 의미를 재발견할 수 있다. 작성했던 계획들이 하루하루 완료되고 이 일이 반복적으로 이루어지면서 생각지도 못한 체계적이고 계획된 삶을 살게 된다. 이를 통해 장기적인 계획을 수립하고 이룰 수 있다는 자신감이 생긴다.

둘째, 생각을 정리하는 방법이다.

머릿속에만 맴돌던 복잡한 생각들을 하나하나 작성하고 풀어가면서 머릿속이 깔끔하게 정리된다.

셋째, 미루는 습관을 이겨 낼 수 있다.

제한하기와 우선순위를 통해 일의 핵심과 중요도를 파악함으로써 하루 계획을 효과적으로 작성할 수 있다. 이로써 작업 시간을 정하여 하루 계획을 명확히 세울 수 있다. 결국 일을 미루지 않고 제시간에 끝낼 수 있다.

부록 - 하루 계획 관리 체크 목록

1. 할 일 목록을 꾸준하게 작성하는가? ☐
2. 할 일 목록의 우선순위가 존재하는가? ☐
3. 할 일 중에 일하는 시간을 작성하는가? ☐
4. 할 일 목록이 오버워크되지 않는가? ☐
5. 하지 말아야 하는 할 일이 존재하는가? ☐

실행하기 – 실패하지 않게 일하기

—

처음부터 큰 성공을 바란다면 오히려 부담감만 커져서 일을 그르칠 가능성이 크다. 성공을 보며 달려가기보다는 실패와 멀어진다는 마음가짐을 가지고 일을 해야 한다. 큰 성공이 아닌 작은 성공들을 하나씩 이루어 나가야 원하는 목표에 근접할 가능성이 높아진다.

일을 실패하지 않게 만드는 5가지 단계

할 일 목록을 만든 이후에는 본격적으로 일을 시작해야 한다. 일에 따라, 일의 진행 방법에 따라 바로 결과가 나오는 것도 있지만 어떤 일은 과정이 복잡하고 오래 걸리는 것도 있다. 또한 본인의 의도와는 상관없이 여러 가지 상황에 부딪히기도 하며 일의 처리 방법에 따라 원하는 결과가 나오기도, 원치 않은 결과를 마주하기도 한다.

원하는 결과에 쉽고 정확하게 도달하기 위해서는 그에 알맞은 프로세스를 따라야 한다. 다음의 5단계 프로세스는 여러 분야의 전문가들과 만나 그들이 일하는 방법을 보고 어떻게 성장하는지 분석하여 얻은 결과물이다. 여기에 많은 사람들에게 교육과 컨설팅을 하면서 얻은 정보들을 더하여 일을 효율적으로 진행하는 5단계 프로세스 체계를 완성하였다.

〈일을 효율적으로 진행하는 5단계 프로세스〉

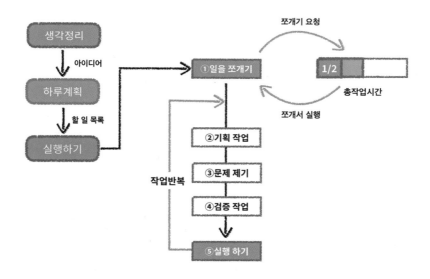

① 일을 쪼개기-스몰 스텝

복잡하고 많은 시간을 할애해야 하는 할 일은 그 일을 반으로 나누고 나눈 반을 다시
반으로 나누는 작업을 계속하여 아주 작아서 실패할 수 없을 정도의 작은 일 하나만을

만든다. 그 일을 할 일 목록에 넣고 실행한다.

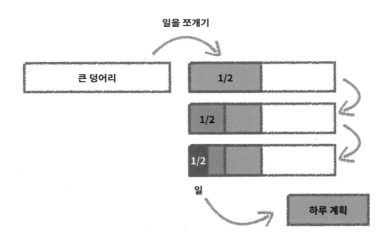

목표 관리도 마찬가지다. 목표를 이루고 싶다면 너무 작아 실패하기 어려울 정도, 바로 실행할 수 있을 분량으로 일을 작게 나누도록 한다. 목표는 크게 생각하되 작은 일부터 하루 계획에서 실천하면 쉽게 이룰 수 있다.

② 기획 작업

기획이 필요한 일이 늘고 있다. 그만큼 복잡하고 어려운 일이 많아지고 있다는 의미다. 여기서는 전문가가 추천하는 효과적인 기획 방법을 소개하도록 하겠다.

처음부터 초안Draft을 만들기보다 가안을 만든다. 일을 곧바로 시작하기 전에 먼저 생각을 하고 방향을 잡는다. 제한된 상황에서 자유롭게 상상하여 실행 가능한 가설을 세우는 작업이다. 아무 정보도 없는 상태에서 생각을 정리한다. 해당 내용은 피터 드러커 교수가 쓴 '프로페셔널의 조건' 책에 언급되어 있는 '제로 드래프트Zero Draft' 개념이다. 이때 가안을 만들기 위해서 사용하는 것이 433 원칙이다. 해당 주제의 생각을 구체적으로 정리할 수 있는 방식이다. 기획 작업을 거쳐 문제 제기와 검증 작업을 진행하고 다시 기획 작업을 반복하면 가안이 초안으로 완성된다.

기획을 잘하는 법, 초보자도 쉽게 따라 하는 3단계

· 1단계. 제로 드래프트로 시작하라

· 2단계. 가안에 대해 문제 제기하라

· 3단계. 검증 작업을 위해 자료 조사를 하라

https://youtu.be/UM3SR7lv3-8

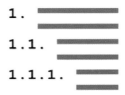

이 작업은 일을 해야 하는 시간을 단축시키고 실패율을 낮춰 준다. 예를 들어, 나의 경우 신규 강좌 기획을 할 때 433 원칙을 사용하여 상세하게 내용을 추가해 나간다. 규칙에 맞게 진행하면 기획을 하는 어려움을 덜 수 있고 충분한 검증 작업을 거쳐 좋은 강좌를 만들 수 있다.

- 1 최초문단
  - 1-1 2번째문단
    - 1-1-1 3번째문단
    - 1-1-2
    - 1-1-3
  - 1-2
  - 1-3
- 2 최초문단
- 3 최초문단
- 4 최초문단

해당 주제에 따른 최초 문단은 4가지를 작성한다. 해당 내용을 기준으로 두 번째 문단은 3가지를 작성하고 두 번째 문단 기준으로 세 번째 문단 또한 3가지를 작성하여 가지를 치듯 내용을 늘려 간다. 초반에 어떻게 작업해야 하는지 감이 잡히지 않을 때 순서에 맞게 작성하면서 기획의 틀을 잡고 내용을 구체적으로 확장시킬 수 있다.

처음 433 원칙으로 기획을 할 때에는 너무 완벽하게 작성하려고 하기보다는 먼저 간단하게 작성하면서 빈곳을 채워 나가도록 한다. 초반에는 두 번째 문단까지만 작성하고 이후 문제 제기와 검증 작업을 반복적으로 진행하면서 세 번째 문단을 채워 나간다.

기획 작업을 위한 433 원칙은 아래와 같은 장점을 가지고 있다.

첫째, 단순하다.

433 원칙은 주제에 대해서 나열하면서 복잡한 내용들을 단순하게 만든다.

둘째, 명확한 사고다.

원칙에 맞게 작성하고 다듬는 과정에서 주제에 대해 분석이 가능하기 때문에 명확하게 원하는 결과를 도출할 수 있다.

셋째, 시간이 적게 든다.

어떻게 기획해야 할지 망설이는 시간을 줄여 준다. 사전에 불필요하게 드는 자료 조사와 준비 기간을 축소해 빠르게 작업할 수 있다.

③ 문제 제기

문제 제기는 해당 일에 대해 질문과 답변을 하면서 문제를 해결하는 방법이다. 질문을 통해 스스로 문제점을 파악할 수 있어 해결책을 쉽게 구할 수 있다. 기획 작업에서의 부족한 부분을 채워 주고 다양한 관점으로 바라보도록 하여 최적의 해답을 제시한다.

- 주요 질문 사항들
  - Q. 모임 만들기 위해 사전 준비방법은 어떻게 하나?
    - 시장조사다
    - 목적 중요 – 해당 모임을 왜 만들려고 하는가?
    - 모임 기간 – 모임 기간은 얼마나 하려고 하는가?
  - Q. 모임 어떻게 구축하면 되는가?
    - 참석자 논의
    - 함께 간다
    - 모임 규칙

문제 제기를 하며 앞서 진행한 433 내용에 살을 더하여 완성해 나간다. 질문과 답변을 하다 보면 초반에 했던 기획 내용보다 구체적인 내용이 추가된다. 이 작업을 반복하며 기획을 완성해 나간다.

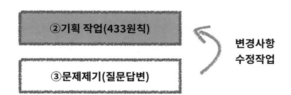

②기획 작업(433원칙)

변경사항
수정작업

③문제제기(질문답변)

④ 검증 작업

검증 작업은 주로 해당 내용이 맞는지 파악하는 데 중점을 둔다. 일반적으로 자료 조사를 통해 해결책을 찾는다. 문제 제기에서 나온 다양한 관점의 질문에 답변을 작성한 후 부족한 내용을 자료 조사한다. 검증 작업을 한 후 다시 초반 기획 내용을 업데이트한다.

추가적으로 시장 조사나 고객이 원하는 결과물을 제공하는지 등 다양한 각도에서 살펴봐야 한다. 제품이나 서비스 출시 전에 자료 조사 차원으로 시간을 갖는다.

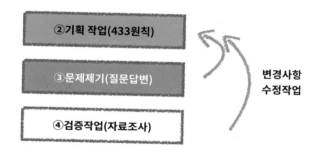

⑤ 실행하기

말 그대로 실행이다. 이것은 한 번에 끝내는 것이 아니라 위의 단계를 여러 번 반복하면서 완성한다. 기획한 내용에 대하여 문제 제기가 이루어지면 문제점이 파악되고 다시 기획 작업으로 돌아와 수정한다. 이후 변경된 내용의 검증 작업을 거치면서 보다 체계적으로 완성된다. 이러한 과정을 반복적으로 거치면서 최종으로 실패하지 않는 기획 작업을 할 수 있다.

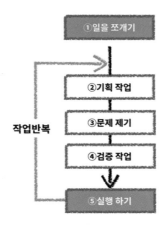

'스몰 스텝'으로 일을 쪼개기

한 번에 처리할 수 있도록 일 나누기

'일을 잘해야 한다', '잘할 것이다'라는 생각과 '일을 실패하지 않을 것이다'라는 생각에는 큰 차이가 있다. 잘해야 한다고 생각하면 오히려 부담감만 생겨 일을 끝낼 수 있는 충분한 시간이 있음에도 더 많은 신경을 쓰느라 시간 내에 끝내지 못할 수 있다. '일을 열심히 해서 회사에 인정받을 거야', '클라이언트에게 잘하는 모습을 보여 줄 거야' 등 스스로 정한 기준치를 넘기기 위해 스트레스를 받는 것보다 어느 정도의 기준, 단순히 일을 끝내는 것을 목적으로 하거나 성공보다는 실패하지 않고 일을 끝낸다는 마음가짐이 오히려 일의 생산성을 높인다.

그렇다면 일을 실패하지 않기 위해서는 어떻게 해야 할까? 이에 대한 해결책은 간단하다. 일을 실패하지 않을 정도의 크기로 만들면 된다. 즉, 실행할 수 있을 정도로 쪼개면 된다. 일을 계속 반으로 나누다 보면 이 정도는 내가 할 수 있겠다, 실패하지 않겠다라고 생각되는 아주 작은 일이 나온다. 이 일을 할 일 목록에 넣고 실행하면 된다. 일을 쪼개는 기준은 다음과 같다.

첫째, 일의 양을 무조건 절반으로 나눌 필요는 없다. 핵심은 하나의 일을 둘로 나누는 기준을 찾는 것이다. 예를 들어 시간(작업 방식), 인력, 비용 등으로 나누면 된다.

둘째, 일을 끝점에서 다시 생각한다. 다시 말해 역순으로 생각해서 무엇을 하면 되는지 한 단계씩 거꾸로 거슬러 가보면 지금 내가 무엇을 해야 하는지 알 수 있다.

셋째, 작업 과정을 이해했을 경우 한 번에 처리할 수 있는 범위와 시간을 결정한다. 총 작업 시간을 10시간이라고 한다면 일의 양을 5등분으로 나누어 2시간씩 배분하는 등 작업의 범위와 시간을 정하도록 한다. 여기서 작업 역할이나 일의 연결을 고려하여 조금씩 시간을 달리해서 배분한다.

일을 쪼개는 작업은 전체 과정에서 가장 중요하다. 일하는 법을 이해하는 과정이기도 하고 문제가 될 수 있는 것을 예측해서 해결할 수 있다. 해당 작업만 잘 마무리하더라도 반은 성공했다고 할 수 있다. 만약에 신규 작업이 기존에 했던 작업 프로세스와 비슷하다면 기존에 사용했던 방식에 대입하면 된다. 이 방법을 몇 번 거치다 보면 나의 업무에 맞는 템플릿을 얻을 수 있다.

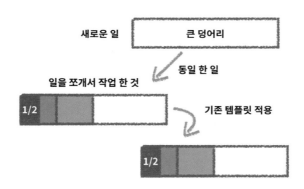

스몰 스텝으로 신규 프로젝트 제작하기

스몰 스텝을 사용하여 신규 강의를 제작하고 책을 집필하는 방법을 소개한다. 좀 더
구체적인 내용을 알고 싶다면 챕터 5장 실전편을 참고하도록 한다.

강의는 기획부터 발표까지 복합적인 일을 한 번에 해야 하는 쉽지 않은 업무이다.
따라서 큰 틀에서 일을 나누고 제작 시간을 정해야 한다. 나는 신규 강좌를 기획하고 슬라이드를 완성하기까지 큰 축으로 일을 3등분하고 전체적으로 준비와 기획 과정 (8h), 슬라이드 제작 과정(8h)으로 총 16시간의 작업 시간을 정한다. 이것은 개인의 업무량에 따라서 달라지니 자신에게 맞게 시간을 배정하도록 한다(단 해당 강의 조건은 3시간 이내로 진행하는 수준이다). 이 작업을 통해 강의 진행에 있어 문제가 될 만한 부분을 어느 정도 파악할 수 있다.

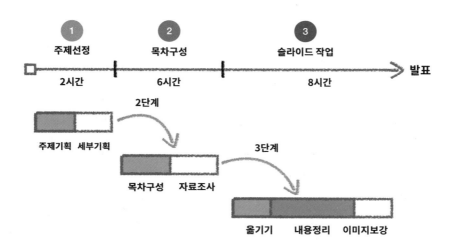

책 쓰기 목표도 마찬가지로 일을 잘게 쪼개어 실행하면 목표에 어렵지 않게 도달할 수 있다. 우선 책을 집필하기 위해 준비할 것과 그 과정을 알아야 한다. 그리고 전체 과정을 이해하고 실행할 수 있도록 세세하게 쪼개는 작업을 한다. 나는 책을 집필할 때 아래와 같은 스몰 스텝으로 나눠서 진행한다.

큰 축에서 보면 책의 주제와 목차, 집필 과정, 초안 교정 정도가 저자의 몫이고 나머지 집필한 원고 교정 작업은 출판사와 협의해서 진행한다. 책의 목차 작업을 마치고 나면 집필 과정을 어떻게 세분화하는지에 따라 원하는 목표의 성패가 결정된다. 약간의 개인차는 있겠지만 대략 집필부터 출간까지 10개월 정도 걸리며, 작업 시간은 대략 300시간 정도 소요된다.

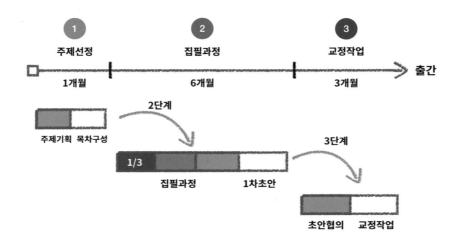

'기획 작업'으로 일을 분석하기

대부분의 사람들은 기획 작업을 시작하려고 할 때 초반부터 완성된 기획을 만들기 위해 너무 많은 시간을 쏟기도 한다. 기획 단계에서 많은 시간을 사용하면 본 단계의 시간이 부족할 수 있고 앞선 단계에서 힘이 빠져 용두사미의 결과를 얻을 수도 있다. 따라서 처음부터 초안을 완벽하게 만들려고 하기보다는 가안을 만들고 수정 작업을 거쳐 완성하도록 한다.

기획은 일을 진행하기 위한 시작점이라고 할 수 있을 만큼 중요한 부분이기 때문에 효율적으로 추진하기 위한 기획 방법을 가지고 있어야 한다. 기획 작업은 최단 시간, 최대의 효율을 낼 수 있는 433 원칙을 사용한다. 또한 육하원칙을 통해 기획 작업을 어떻게 실행해야 하는지 이해하도록 한다.

체계적인 분석을 위한 433 원칙

433 원칙은 일반적인 문서 개요 작업과 같이 기본적인 규칙을 사용해 내용을 작성하는 방법이다. 진행하려는 기획을 아래의 규칙에 대입해서 분석하도록 한다.

〈주제 : 43(3) 원칙을 사용해 기획하는 법〉

 1. 기본 개요(문제 제시)

      ㅇ 무슨 일인가?

 2. 문제 확장(주요 현상, 의견)

      ㅇ 어떤 일들이 발생하고 있나

      ㅇ 사회적 문제는 무엇인가

 3. 문제 해결(주요 방법, 사례)

      ㅇ 질문에 대한 답을 찾기

      ㅇ 자료 조사 후 사례 정리

 4. 결론(문제 개선, 확대)

      ㅇ 성과

      ㅇ 시장성

회사 내에서 '생각 정리 도구'를 도입하기 위하여 안건을 기획 중이라고 가정해 보자. 어떻게 기획해야 하는지 해당 원칙을 사용해서 정리하면 아래와 같은 내용을 얻을 수 있다.

주제 : 생산성을 높이기 위해 생각 정리 도구를 도입하려 한다.

4×3 형태로 아래 4가지 질문에 3가지 답안을 채우자.

① 생산성을 높이는 데 생각 정리가 필요하다.

- 복잡한 시대에 단순함을 찾고자 한다.
- 생각 정리가 안 돼서 스트레스가 크다.
- 원활한 커뮤니케이션을 위해 필요하다.

② 생각 정리를 잘하려면 어떻게 해야 하나?

- 평소에 생각을 꺼내는 훈련이 필요하다.
- 텍스트로 작성한 후에 서로 간 연결을 확대하라.
- 자신에게 질문을 던져 생각이 열리도록 하라.

③ 생각 정리를 잘하기 위한 도구에는 어떤 것이 있나?

- 수첩
- 마인드맵
- 워크플로위

④ 생각 정리 도구로 생산성을 얻은 기업 사례
- 유명한 협업 메신저 슬랙 기업은 제품 개발 시 생각 정리 도구를 활용했다.
- 국내 기업도 업무 생산성을 높이기 위해 생각 정리 방법을 도입하기 시작했다.
- 소규모 기업에서는 직원들 간의 아이디어와 업무 회의에 생각 정리 방법을 도입했다.

이번에는 신규 강좌를 기획한다고 가정해 보자. 앞서 언급한 것처럼 한 번에 모든 것을 완벽하게 하려는 생각을 버리고 문제 제기와 검증 작업 과정을 반복적으로 하면서 충분히 검토한다. 해당 작업을 적어도 4~5번 정도 반복하면서 여러 가지 버전의 내용을 살펴보도록 한다.

[강좌] 1인기업의 시작, 30만원 수익 프로젝트

- 목차 – 직업 바꾸기 프로젝트, 30만원 수익 만들기
  - 1) 평생 10개 직업이 필요한 시대
    - 1. 평생 7~8개의 직업을 가지고 살아야 한다
    - 2. 전문성 vs 포트폴리오 노동자, 좁고 깊게 VS 두루 넓게
    - 3. 개인적으로 과거–현재–미래 각각의 직업이 변화
  - 2) 직업 바꾸기 프로젝트
    - 1. 직업을 바꿀때 먼저 행동하고, 나중에 계획해라
    - 2. 강점을 찾아라(자기분석)
    - 3. 직업을 찾기 위한 3가지 전략(만드는 능력)
    - 4. 직업을 찾는 주요 사례
  - 3) 30만원 수익 프로젝트
    - 1. 흥미롭다고 느끼는 분야에 먼저 발을 담가보기
    - 2. 잘하고 있는데 발굴하지 않는 것
    - 3. 30만원 프로젝트 찾는 순서도(프로세스)
  - 4) 한장으로 작성하는 직업 찾기

[강좌] 1인기업의 시작, 30만원 수익 프로젝트

- 목차 – 1인기업의 시작, 30만원 수익 프로젝트 - 4차버전
- 목차 – 1인기업의 시작, 30만원 수익 만들기 - 3차버전
- 목차 – 직업 바꾸기 프로젝트, 30만원 수익 만들기 - 2차버전
- 목차 – 직업 바꾸기 프로젝트, 30만원 수익 만들기 - 1차버전

육하원칙으로 기획하고 실행하기

기본적으로 육하원칙은 5w1h(when(언제), where(어디서), what(무엇을), who(누구와), why(왜), How(어떻게)) 방식이지만 여기서는 주체가 바로 자신이기 때문에 who를 빼고 나머지 4w1h만을 작성한다. 4w1h를 통해 계획하고 있는 작업을 어떻게 실행해야 하는지 구체적인 방법을 알 수 있다.

먼저 A4 용지를 반으로 접은 후 좌측은 4w, 우측은 1h를 작성한다. 이 과정을 2~3 번 거쳐야 구체적인 실행 방법을 찾을 수 있다. 나중에 내용을 정리해서 기획 과정과 문제 제기 과정으로 넣어 봐도 좋다.

① What 무엇, 하고 싶은 일, 해야 할 일
어떤 일을 해야 하는지 적어라.

② Why 왜, 일을 해야 하는 이유
왜 그 일을 해야 하는지, 완성했을 때 어떤 결과가 나오는지, 만약 하지 않으면 어떤 일이 일어나는지 스스로에게 질문하고 답하라.

③ When 언제, 시작이나 진행하는 시점, 완료 시점

언제까지 완료해야 하는지 명시하지 않으면 계획이 아니다.

계획을 실천하는데 무리가 없도록 일정을 조정하는 것도 중요하다.

④ Where 어디서, 장소

실천할 수 있는 장소를 고려하라.

⑤ How 어떻게, 달성하는 방법

구체적인 방법 기술

What (무엇)	하고 싶은 일, 해야 할일	How (방법)	완성하는 방법
Why (왜)	일을 해야 하는 이유		
When (언제)	시작 및 진행하는 시점, 완료 시점		
Where (어디서)	장소		

아래는 4w1h를 사용해 '유튜브 운영 계획과 실행 세우기'를 기획한 내용이다. A4 용지도 좋지만 워크플로위를 사용하면 내용을 쉽게 수정하고 추가할 수 있다.

- **4W1H** 방법으로 유튜브 운영 계획과 실행 세우기 #ytb
  - 보다 해당 주제로 올바른 판단을 하고 풀어가는 전략이다.
    - 1. What 무엇, 하고 싶은 일, 해야 할일
      - 생산성 주제로 유튜브 하려고 한다.
      - 생산성 - 툴 사용방법, 강좌 소개, 인터뷰
    - 2. Why 왜, 일을 해야 하는 이유
    - 3. When 언제, 시작 및 진행하는 시점, 완료 시점
    - 4. Where 장소, 어디서
    - 5. How 방법, 달성하는 방법?

유튜브 운영 계획과 실행 세우기

What (무엇)	생산성 주제로 유튜브 하려고 한다. 생산성 - 툴 사용방법, 강좌 소개, 인터뷰
Why (왜)	생산성 주제로 강의 확대하고자 한다. 향후 책 출간 후, 연계해서 비즈니스 찾기 강의와 책, 향후 컨텐츠 제작과 운영 도움 하지 않았을 경우, 시장을 니즈조차 찾지 못 하고, 성장할 수 있는 단계를 찾지 못한다
When (언제)	일시적이 아니라 장기적으로 계속한다 한주 2~3회 정도 공개
Where (어디서)	사무실, 집에서 운영

How (방법)
1차 작업 - 8월까지
• 생산성 툴 소개한다
• 에버노트, 워크플로위, 구글드라이브, 스마트폰
• 영상화면 캡쳐와 함께 설명한다.
• 상담 또는 자주질문 올라온 것 영상 제작
• 강의 - 오프라인 강의 화면과 오디오 녹음 진행
• 전체 강의 보다는 일부 강의 내용 공개
• 정기적으로 강의영상 스스로 만들어라
• 인터뷰 - 개개인의 생산성 주제에 대해서 관심 갖고 툴이나 노하우 소개
• 이때 보다 쉽게 따라 할 수 있게 한가지 정도 툴이나 방법 소개
2차 작업 - 9월 부터 업그레이드한다
• 영상 제작 노하우 확대
• 댓글과 고객 소통한 내용 제작
주요 컨셉 - 문제점 해결 방법
• 정기적으로 통계를 보고 어떻게 만들어 가야 할지 찾는다
• 잘하고 있는지, 못하는지 파악하라
• 무엇을 계속해야 할지 판단하라

'문제 제기(질문)'로 해답 찾기

적절한 질문은 수백 권의 책이나 여러 경험에서 나오는 깨달음보다 더 많은 것들을 준다. '답은 내 안에 있다'라는 말처럼 내 안에 있는 필요한 답을 이끌어 내기 위해서는 무엇보다 그에 알맞은 질문, 즉 문제를 제기하는 것이 중요하다.

카와다 신세이의 책 '질문력'에는 아래와 같은 내용이 언급되어 있다.

"와이어드Wired의 공동 창간자이며 편집장 케빈 켈리Kevin Kelly는 "앞으로의 세상은 컴퓨터가 답을 해 주고 사람이 할 일은 질문을 하는 일이다"라는 말을 통해 4차 산업혁명 이후 "질문을 생성하는 기술"이 얼마나 중요해질 것인지를 단적으로 표현했다. 일하는 방식이 달라지면서 생각과 가치의 패러다임도 달라지고 있다는 이야기다."

이처럼 질문을 어떻게 하느냐에 따라서 그 결과는 달라진다. 즉, 좋은 질문을 할수록 최적의 답변을 얻을 수 있다.

　질문이 주는 장점은 크게 3가지로 나눌 수 있다.

첫째, 사고의 스위치를 켜게 한다.

질문은 주관적 관점보다 객관적인 관점으로 바라볼 수 있게 한다. 미처 생각지도 못한 부분까지 생각할 수 있게 도와준다.

둘째, 스스로 최고의 선택을 할 수 있도록 도와준다.

해야 할지 말아야 할지 결정해야 하는 문제가 있다면 각각의 상황에 대한 질문을 통해 최고의 선택을 할 수 있도록 충분한 검증 작업을 제시한다.

셋째, 지금 필요한 답을 이끌어 낸다.

스스로 질문하고 답을 하다 보면 해당 주제를 명확하게 이해하고 답을 향해 앞으로 나아갈 수 있다. 풀리지 않는 일도 질문을 하고 답을 하는 과정에서 쉽게 해결할 수 있다.

문제 제기로 얻어지는 것들

문제 제기를 통해 질문을 하면 아래와 같은 효과를 얻을 수 있다.

첫째, 문제를 해결할 수 있다.

현재 처한 상황을 극복하거나 정확한 문제의 원인을 파악할 수 있다. 상황에 따라 Y or N로 답을 하며 현실을 직시하고 원인을 파악하여 극복 방안을 마련한다.

　나는 2017년, 에버노트 사용설명서 개정판 작업을 하던 중 책 쓰기에 지쳐 집필 작업을 도중에 그만둔 적이 있다. 이러한 상황을 어떻게 극복해야 할지 고민하다가 해당 상황을 그대로 질문하고 답하면서 문제를 해결하였다.

에버노트 개정판 작업 정리

- @qa 에버노트 개정판 작업이 왜 더딘가?
  - 책 작업이 바로 돈이 되지 않아 그렇다
  - 해당 주제로 작업을 한다고 생각하고 깊게 관심을 가질 필요가 있다
- Q. 그렇다면 개정판 작업을 하지 않을건가?
  - 그렇지 않다. 결국 작업을 하고 나면 커다란 이익도 생기고 기쁨도 가질 수 있다.
  - 힘든 부분을 이겨내는 것이 어려우면, 할 수 있는 것 위주로 작게 먼저 시작해라.
  - 멈추면 아무것도 못하다 보니 조금씩 작업을 해라

머릿속에서만 문제의 해결책을 찾는 것보다 머릿속 밖으로 꺼내면 그 해결 방안은 좀 더 가까워진다. 문제를 질문으로 적으면 나를 괴롭히는 원인이 무엇인지 명확히 알 수 있다.

둘째, 사고가 확장된다.

해당 주제에 대해 질문을 하고 답을 하는 과정을 반복하며 생각에 생각을 더하여 사고를 확장할 수 있다. 나는 '실패하지 않는 법'이라는 주제를 좀 더 깊이 생각하기 위해 다음과 같은 질문을 하였다. 이처럼 주제가 모호하고 어떻게 생각을 시작해야 할지 어려울 때는 질문에 답을 하고 답에 대한 질문을 계속 추가하며 사고를 확대해 나간다.

Q. 하루 계획은 명확하게 세우는가?

Q. 해당 프로젝트에 충분한 시간을 확보했는가?

Q. 일의 핵심 분석을 하고 있는가?

Q. 당신은 해당 분야의 전문가인가?

셋째, 프로젝트를 도와준다.

프로젝트를 진행하는 과정에서는 다양한 예측과 검증을 거쳐야 올바른 결과물을 만들수 있다. 이때 필요한 것은 여러 관점에서 바라볼 수 있는 눈이다. 질문을 통해 다양한각도에서 바라보면서 좋은 점과 나쁜 점, 불필요한 점과 추가해야 할 점 등을 깨달을수 있다.

'왜', '어떻게'를 사용한 문제 제기 방법

질문은 왜^{why}와 어떻게^{how}를 반복해서 질문에 질문을 더하며 답을 찾는다.

왜×7

어떻게×7

'왜'와 '어떻게'를 반복하면 원인을 쉽게 규명할 수 있어 답을 찾는데 효과적이다. 예를 들어 매출이 오르지 않는 가게에 대해서 그 원인과 해답을 알고 싶다면 아래와 같이 작성해 보도록 한다.

> 매출이 오르지 않는다 → 왜 매출이 오르지 않는 걸까? → 고객이 적기 때문이다 → 왜 고객이 적은 걸까? → 재방문 고객이 적기 때문이다 → 왜 재방문 고객이 적은 걸까? → 만족도가 낮기 때문이다 → 왜 만족도가 낮은 걸까?

이러한 방식을 통해 계속 질문을 한다.

다음은 '모임 만들기'라는 주제의 강의를 기획하기 위해 작성한 질문이다. 본인이 궁금한 것, 참석자 관점에서 궁금한 것 등 20개 정도의 질문을 하여 내용을 확장했다. 질문이 부족하다고 생각되면 SNS나 카페 등에 글을 올려서 추가적인 질문을 받아도 좋다. 이렇게 모은 질문 리스트에 답변을 달도록 한다.

[강좌] 모임만들기 프로젝트

- 제목 : 모임, 나도 만들 수 있다
- 목적 : 개인 및 기업은 다양한 주제로 모임을 만들고 운영하고 싶다. 모임을 통한 개인의 성장을 만들어 갈 수 있다.
- 목차 :
  - 1. 모임을 왜 만들까?
  - 2. 모임을 어떻게 만들고 운영할까?
  - 3. 온오프라인 모임 채널 구축과 연계방법
  - 4. 잘 만들어진 모임은 무엇이 다를까?
  - 5. 자연스런 모임 홍보 전략 세우기

답변은 타인에게 설명하듯이 상세하게 달도록 한다. 단순히 자신이 알고 있는 수준의 답변은 안된다. 내용은 충분히, 객관적으로 이해할 수 있도록 작성해야 한다.

- 주요 질문 사항들
  - Q. 모임 만들기 위해 사전 준비방법은 어떻게 하나?
    - 시장조사다
    - 목적 중요 – 해당 모임을 왜 만들려고 하는가?
    - 모임 기간 – 모임 기간은 얼마나 하려고 하는가?
  - Q. 모임 어떻게 구축하면 되는가?
    - 참석자 논의
    - 함께 간다
    - 모임 규칙
  - Q. 모임 운영하는 노하우는 어떻게 되는가?
  - Q. 처음 모임을 할 때 무엇을 하는가?
  - Q. 모임을 통한 개인이 성장하는 방법은?
  - Q. 지속적인 모임이 되기 위한 방법은?(사후관리)
  - Q. 모임에서 리더의 역할은 어느정도 인가? 이를 대체하는 방법은?
  - Q. 모임을 만들면서 하지 말아야 할 것은?
  - Q. 왜 모임을 잘 만들지 못하는가?
  - Q. 왜 모임이 지속하지 못하는가?
  - Q. 리더의 역할은 어떻게 되는가?
  - Q. 모임을 만들때 고려할 것들은?
  - Q. 모임을 만드는데 장애 요인은 무엇인가?

모든 질문에 답변을 작성하면 본인이 원하던 정보와 지식을 얻을 수 있다. 이로써 어떻게 진행할지 방향을 잡을 수 있고 문제가 될 수 있는 장애물도 넘어설 수 있다.

'검증 작업'을 위해 자료 조사하기

검증 작업은 진행하고 있는 프로젝트를 완료하기 위해서 꼭 필요한 과정이다. 이를 통해 차후에 문제가 되는 부분을 줄이고 전체적인 과정을 정돈할 수 있다. 기획을 하면서 자료 조사를 실시할 때보다 명확하게 정리된 기획 주제를 가지고 조사를 하기 때문에 시간과 비용, 인력 등을 최소화할 수 있다.

나는 검증 작업을 하기 위해 책을 찾아 보거나 현장의 전문가에게 조언을 얻는 등 다양한 외부 활동을 통해 철저히 객관화된 검증 작업을 한다. 이번 책의 경우에는 수십 번의 강의를 통해 검증 작업을 마치고 나서 집필을 하게 되었다. 스스로의 객관화는 워크플로위에서 문제 제기를 통해 하고 외부에서는 회의나 전문가의 의견을 받거나 책을 찾아보는 등 다양한 자료를 모은다. 조사한 자료는 웹상에서 자료를 쉽게 스크랩할 수 있고 문서 파일과 스캔한 데이터를 간편하게 보관할 수 있는 에버노트에 저장하여 한 번에 볼 수 있도록 한다. 이 작업은 기획 주제에 따라 검증 작업 범위에 한

계가 있기 때문에 각자의 기준을 마련해서 진행하도록 한다. 완성을 하고 나서도 꾸준한 피드백을 통해 내용을 보완하고 업그레이드한다.

검증 작업을 할 때에는 아래의 작업을 중심으로 진행하도록 한다.

첫째, 객관적인 관점으로 바라본다.

담당자는 물론 참여자 관점에서 함께 생각해야 한다. 말하고 싶은 것이 아니라 듣고 싶은 것이 무엇인지 파악하고 답을 찾아야 한다. 저명한 전문가나 해당 주제의 커뮤니티를 통해 객관화된 정보를 수집한다.

둘째, 충분한 자료 조사를 실시한다.

참여 대상을 달리해서 자료 조사를 확대한다. 연령대, 직업군, 전문성 여부에 따라 다양한 의견을 얻을 수 있기 때문에 학술 논문이나 도서, 전문 기관에서 마련한 자료를 조사한다.

셋째, 기획 작업을 업데이트한다.

검증 작업을 한 이후에는 기존에 작성했던 기획 내용을 수정, 보완하여 완성도를 높인다. 기획 내용이 계속 수정/보완되는 과정이다.

　한 번의 검증 작업으로 부족하다면 재차 반복한다. 같은 작업을 여러 번 되풀이하면서 완성 단계로 넘어간다.

부록 - 실행하기 체크 목록

1. 일의 내용을 정확하게 파악했나? ⬜

2. 일을 쪼개는 작업을 해 봤는가? ⬜

3. 충분한 기획과 자료 조사가 준비되었나? ⬜

4. 작업하는데 문제가 될 부분을 체크했나? ⬜

5. 혼자가 아닌 외부 협조가 필요한가? ⬜

실전-'제대로' 일하는 법

—

일을 '제대로'하기 위해서는 모든 작업 과정을 기록하고 분석해야 한다. 주먹구구식의 방법으로는 절대 일을 효율적으로 할 수 없다. 여기서는 앞서 배운 '생각→계획→실행'의 프로세스를 사용하여 얻은 다양한 사례들을 통해 일을 체계적으로 하는 방법을 소개하도록 하겠다.

신규 강좌 – 모두가 만족하는 강의 기획 방법

강의 기획은 기업의 제안서와 프레젠테이션 작업과도 유사하기 때문에 많은 사람들에게 관심 있는 분야다. 나 또한 강사 활동을 한 지 벌써 20년이 넘어가고 있고 지금도 여전히 새로운 주제로 강의 기획을 하고 있다. 강의는 기업에서 요청할 때도 있고 스스로 관심 있는 새로운 주제로 직접 공개 강좌를 열기도 한다. 여기서는 이러한 강의 기획을 준비하고 실행하는 방법을 소개하도록 하겠다.

〈일을 효율적으로 진행하는 5단계 프로세스〉
 ① 일을 쪼개기
 ② 기획 작업
 ③ 문제 제기
 ④ 검증 작업
 ⑤ 실행하기

일을 쪼개는 것은 작업 방식과 정확한 시간을 판단한다는 것을 의미한다. 기획에 따른 작업 과정을 이해했다면 일을 쪼개는 방식은 역순으로 하면 한결 수월하다. 신규 강좌 제작 단계를 역순으로 하면 먼저 강의 슬라이드를 작업해야 하기 때문에 슬라이드를 작성하기 위해 해당 목차를 완성해야 하고 목차를 만들려면 주제와 기획 작업을 해야 한다.

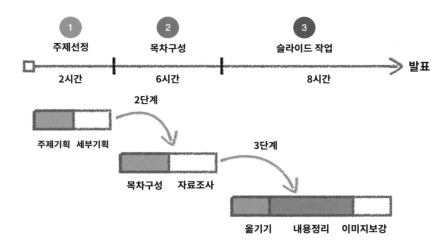

신규 강좌를 기획하고 슬라이드를 완성하기까지 큰 축에서 3가지로 일을 나누고 작업은 총 16시간으로 정하였다. 주요 작업으로 구분하면 준비와 기획 과정(8h), 슬라이

드 제작 과정(8h)으로 나눌 수 있다. 강의 기획의 경우 작업을 쪼개면 대부분 3단계로 나눌 수 있지만, 전체 내용과 작업 시간이 차이가 날 수 있으니 본인이 하고 있는 강의 기획에 따라 시간 배분을 달리 하도록 한다(단, 해당 강의 조건은 3시간 이내로 진행하는 수준이다).

단계	주요 작업	상세 내용	시간
1	강의 주제와 목차를 구성한다.	1) 새롭게 진행할 강의 주제를 구성한다. 2) 강의 주제에 맞는 목차 작업을 한다. 433 원칙에 대입해서 작성한다.	2h

2	강의 기획을 한 후에는 주제에 대해 문제 제기와 정확한 내용인지 파악하기 위한 검증 작업을 한다.	1) 기획한 내용을 토대로 참석자라면 어떤 것을 궁금해할지 질문을 만든다(대략 20개 정도). 2) 질문을 만들고 난 후에는 해당 내용에 스스로 답변을 한다. 3) 질문에 대한 1차 답변을 거친 후에 부족한 것은 온라인으로 자료 조사를 실시한다. 4) 문제 제기와 자료 조사에서 얻은 정보를 토대로 1차 강의 기획 내용을 업데이트한다. 2차 강의 목차가 구성된다.	6h
3	강의 슬라이드를 제작한다.	1) 2차 강의 목차 내용을 슬라이드로 옮기는 작업을 진행한다(2h). 2) 슬라이드에 옮기고 난 후 전체 내용을 다시 살펴보면서 문맥에 맞게 다시 작업한다(4h). 3) 해당 슬라이드에 적합한 이미지를 찾아 넣는다(2h).	8h

기획하기

일을 쪼개고 나서는 하나씩 할 일(계획)에 넣어서 작업한다. 첫 번째 작업은 강의 주제와 목차 작업이다. 아래의 강의 템플릿을 기본으로 하여 작성해 보도록 하자. 모두 작성하고 나면 1차 기획안이 완성된다.

기획 작업을 할 때 사용하는 방식은 43(3) 원칙이다. 워크플로위에 템플릿을 복사해 내용을 작성한다.

신규 강좌 기획 하기

- 강의 제목 :
- 강의 내용 :
- 강의 목차 :
    - 1)
        - 1.
        - 2.
        - 3.
    - 2)
    - 3)
    - 4)
- 강의 대상 :

1. 기본 개요(문제 제시)

     ○ 무슨 일인가?

2. 문제 확장(주요 현상, 의견)

     ○ 어떤 일들이 발생하고 있나

     ○ 사회적 문제는 무엇인가

3. 문제 해결(주요 방법, 사례)

     ○ 질문에 대한 답을 찾기

     ○ 자료 조사 후 사례 정리

4. 결론(문제 개선, 확대)

     ○ 성과

     ○ 시장성

해당 내용을 위주로 몇 번의 반복 작업을 하면 다음과 같은 결과가 나온다.

목차 - 모임만들기 프로젝트(커뮤니티) 3차

- 1. 모임을 왜 만들까?
  - 모임의 취지 구성이 중요하다
  - 모임 만들면 얻는 장점들?
  - 모임에서 가장 중요한 것 3가지
- 2. 모임을 어떻게 만들고 운영할까?
  - 모임의 주제와 컨셉 잡기
  - 모임에 적합한 공간 선택
  - 오프라인/온라인 채널 구축
- 3. 모임을 안정적으로 온라인 채널 구축
  - 온라인 모임 채널과 연계 해야 하는지?
  - 원활한 네트워킹을 하려면 어떡해야 할지?
  - 잘 만들어진 모임은 무엇이 다를까?
- 4. 모임을 비즈니스와 브랜드 전략
  - 참여한 사람과 사람으로 자연적 홍보
  - 정기적인 세미나와 주제로 운영하기
  - 비즈니스 모임으로 만들어가기

목차 작업은 한 번에 끝나는 것이 아니라 프로세스를 여러 번 반복하면서 완성된다. 처음부터 완벽하게 작업하기 위해서 너무 많은 시간을 투자하지 않도록 한다. 문제 제기와 검증 작업을 하면서 부족한 부분을 채워 넣는다.

● |목차 - 모임만들기 프로젝트(커뮤니티) 3차
● 목차 - 모임만들기 프로젝트(커뮤니티) 2차
● 목차 - 모임만들기 프로젝트(커뮤니티) 1차

목차 구성과 자료 조사

기획한 내용에 대해 질문을 하면서 문제 제기를 한다. 강의 참석자라고 가정하면서 20개의 질문을 쓰도록 한다. 개인적으로 궁금한 것, 참석자 관점(객관적)에서 궁금한 것을 작성한다. 직접 작성한 질문들이 부족하다고 생각되면 페이스북이나 커뮤니티 카페 등에서 의견을 받아 추가적으로 질문을 작성한다. 이후 스스로 질문에 대한 답변을 하여 내용을 보완하고 부족한 부분이 있다면 자료 조사를 통해 채운다.

질문에 대한 답변은 최대한 상세하게, 타인에게 설명하듯이 자세히 작성한다. 개인적인 관점에서만 쓰기보다는 객관적으로 여러 관점을 생각하며 답변한다. 이후 슬라이드를 제작해 보면 알겠지만, 답변 내용이 슬라이드에 채워지는 것을 알 수 있다.

- Q. 모임 만들기 위해 사전 준비방법은 어떻게 하나?
  - 시장조사다
    - 과연 관련 주제로 사람들이 관심이 있는가? 우선 인원이 어느정도만 되는지 고려하고 시장조사를 하면 좋다.
  - 목적 중요 – 해당 모임을 왜 만들려고 하는가?
  - 모임 기간 – 모임 기간은 얼마나 하려고 하는가?
    - 영원히 한다는 생각은 버려라
    - 기간을 정하고, 해당 주기를 파악해라

- Q. 처음 모임을 할 때 무엇을 하는가?
  - 자기소개
    - 1차 모임은 모두 어수선하다. 이럴때 사람들의 분위기를 만들려면 역시 사람들에게 자기소개를 하나씩 시키는 것이 좋다.
    - 자기소개는 전체적으로 사람들을 집중 시킬 수 있고, 소재 발굴 하는데 좋다. 예로 해당 전문가를 쉽게 찾을 수 있고, 적극적으로 참여할 수 있는 사람을 찾는데 좋다.
  - 참여자 의견 수렴
    - 이때 주의깊게 들어보고, 이후 소개하면서 관련해 질문을 더해보면 금방 연결이 될 수 있다.
    - 1차 모임은 사람들이 무엇을 원하고, 어떻게 이끌어 가면 좋을지 방향을 제시하는 것이 좋다. 이로서 사람들이 좋은 모임으로 성장하고 지속적으로 참여할 지 고려한다.
  - 참여 유도
    - 참여자가 무엇을 도울지 의견 수렴
    - 특히 본인들도 모임에 무언가, 가치나 돕는 것이 있다면 더 적극적으로 참여할 거다

문제 제기와 검증 작업은 보다 객관적인 작업이다. 문제 제기는 스스로 질문을 하고 답을 하면서, 검증 작업은 해당 주제로 검색이나 외부 전문가로부터 검증한다.

모임 만들기 강의의 경우 해당 주제에 대해 네이버와 구글, 각종 논문 자료를 참고했다. 또한 커뮤니티, 지역 모임, 카페 등 다양한 곳을 찾아가면서 문제 제기한 질문에 답을 마련했다.

강의 슬라이드 작업

모든 작업을 반복하며 충분한 결과를 마련했다면 슬라이드 작업을 한다. 강의 슬라이드는 아래 3가지 과정으로 작업한다.

1단계: 기획한 내용을 그대로 옮기는 작업

기획한 내용을 슬라이드로 옮겨 뼈대를 구성한다. 초반부터 자료를 옮기며 하나하나 상세하게 고치기 보다, 옮기면서 전체 틀을 구성한다고 생각하라. 내용을 고치는 일은 다음 단계에서 한다.

2단계: 옮긴 내용의 문맥 보강하기

뼈대가 구성되면 각각의 슬라이드 내용과 문맥을 보강하고 정리한다. 이때 어떤 이미지를 써야 할지 이미지 키워드를 작성해 두도록 한다. 이 작업을 거친 후, 한 번 더 시간을 가지고 보강하도록 한다.

3단계: 이미지를 채운다.

강의 자료는 글보다는 이미지가 더 잘 이해되고 한눈에 들어오기 때문에 앞서 작성해 둔 이미지 키워드를 검색하여 적합한 이미지를 찾아서 넣는다. 강의나 프레젠테이션을 자주 한다면 한두 군데 정도 유료 사이트를 지정해서 작업하면 좋다.

〈이미지 검색 사이트〉

- 무료 이미지(무료) https://pixabay.com/
- 아이콘 이미지(유료) https://thenounproject.com/

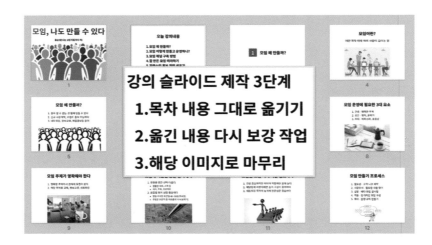

책 쓰기 – 원하는 주제로 책 쓰는 방법

책을 쓰기 위해 주제를 선정하고 지속적으로 글쓰기 작업을 하기 위해서는 몇 가지 요령이 필요하다. 충분히 글을 쓸 수 있는 시간을 확보하기 위해 단계별 계획은 필수이며, 글쓰기 사고를 키우기 위해 질문과 답변을 하며 끊임없이 주제를 확장시켜 나가야 한다.

책을 쓰는 일은 상당히 장기적인 목표이기 때문에 일을 작게 나누어야 한다. 목표를 반으로 쪼개고, 쪼갠 반을 또 반으로 쪼개는 작업을 여러 번 반복하여 바로 할 수 있는 일로 만들어야 한다. 이 작업 또한 역순으로 작업 과정을 만들어서 작은 단계로 일을 나누어 완성하는 방법을 찾도록 한다.

한곳에 오래 엉덩이를 붙이고 앉아 있는다고 해서 책이 완성되는 것은 아니다. 책 집필은 생각보다 많은 어려움에 직면하게 된다.

첫째, 과정이 복잡하고 많은 시간이 필요하다.

책 쓰기는 복잡하고 오랜 시간을 거쳐야 하기 때문에 주먹구구식으로 일정을 잡고 목표를 설계해서는 안된다. 또한 이전과는 다르게 책 쓰기 방식이 아날로그에서 디지털 위주로 전환되고 있기 때문에 책 쓰기에 적합한 클라우드와 도구를 사용해야 한다.

둘째, 무조건적 책 쓰기 방식은 옳지 않다.

하루에 하나씩, 혹은 한 주에 하나씩 사례를 쌓아 한 권의 책이 나올 수 있는 분량의 자료를 수집한다. 꾸준한 기록을 통해 책 쓰기에 유리한 사람이 되어야 한다. 언제라도 책을 집필할 수 있는 가능성을 가질 수 있도록 말이다.

셋째, 지속적 글쓰기를 터득해야 한다(하루 글쓰기).

매일 일기를 쓰듯 글을 꾸준히 작성한다. 날마다 어떤 주제로 글을 써야 할지 정하기 어렵다면 사전에 미리 주제를 잡아 놓고 이 주제에 대해 질문을 하면서 확대시켜 보도록 한다. 단번에 완성되는 것은 없다. 이러한 작업이 반복되면서 책이 완성된다.

　나는 집필부터 출간까지의 전체 작업 과정이 대략 10개월 정도 걸리며, 작업은 대략

300시간 정도가 소요된다. 즉, 통상 1년에 300시간을 투자해 책을 만들고 있다.

큰 축에서 책의 주제와 목차, 집필 과정, 초안 교정 정도가 저자의 몫이고 교정, 디자인 등은 출판사와 협의해서 작업한다. 목차 작업을 마치고 나면 집필 과정을 어떻게 세분화하느냐에 따라 원하는 목표를 이룰 수 있을지 결정된다.

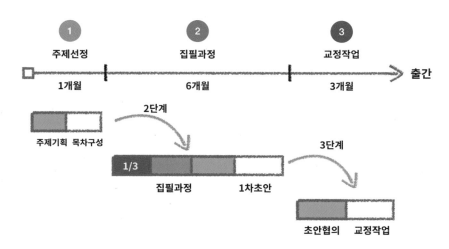

단계	주요 작업	상세 내용	시간
1	주제와 목차 구성	• 원하는 주제 잡기 • 출간 목적, 내용, 시장성 • 책 쓰기 작업이 수월하도록 상세 목차 구성(책 쓰기 5주 차 프로젝트 진행)	1개월
2	집필 과정	• 목차에 맞게 글쓰기 작업을 시작 • 지속적으로 글쓰기 작업을 할 수 있도록 고려 • 집필 과정을 다시 세분화해서 조금씩 완성하는 3단계 구성 • 1차 초안 작업 후 검증 단계 진행	6개월
3	교정 작업	출판사와 교정 작업	3개월

기획 작업

책 기획 작업을 시작할 때 어떤 내용을 어떻게 이끌어가야 할지 머릿속에 바로 그려지지 않는다면 먼저, 해당 주제로 50개의 키워드를 작성한다. 작성한 키워드를 비슷한 것끼리 묶어 4개의 카테고리로 분류하면서 어떤 내용을 담을지 정리하도록 한다. 이것을 토대로 하여 문장으로 전환하는 작업을 거치면 보다 깊이 있는 내용이 담긴다. 이 과정을 몇 번 반복한 후, 책을 집필할 수 있을 정도로 확대되었다고 생각되면 목차를 상세하게 작성한다.

집필이 처음이거나 기존에 해 봤지만 더 좋은 대안을 찾는다면 여기서 제안하는 '책 쓰기 5주 차 프로젝트'를 따라 해 보자. 처음부터 완벽하게 한다는 생각보다는 순차적으로 하나씩, 시장 조사도 함께하며 완성하도록 한다.

책쓰기 5주차 프로젝트 / 책제목OOOOO

- 나는 어떤 책을 쓸 것인가? - 이곳 작성요
  - 1. 책 제목 : 예 나는1인기업가다
  - 2. 책 주요 내용
  - 3. 책 목차
    - *4*3 형태로 아래 4가지에 하단에 3가지 정도 내용 채움*
    - 1)
      - 1
        - 1
        - 2
        - 3
      - 2
      - 3
    - 2)
    - 3)
    - 4)
  - 4. 타깃 독자층

책 쓰기 5주 차 프로젝트는 책 출간에 관심이 많은 사람들에게 개인 컨설팅을 하면서 얻은 결과물이다. 이 방법을 사용하여 목차와 기획 작업을 5주로 나눠 작업하면 초보자도 쉽게 개략적인 목차를 완성할 수 있다. 책 쓰기 작업은 장기적인 프로젝트이다. 일정한 시간을 두고 꾸준히, 습관적으로 작업해야 한다.

책 쓰기 5주 차 프로젝트 작업 과정은 아래와 같다. 목차의 완성 과정이다.

5주	주요 내용	상세 내용	라인	시간
1	책 쓰기 준비	주제와 목차 작성	4+4×3 = 16	2
2	책 기획 시작	완성된 목차 작업	16+36(12×3)=52	3
3	책 시장 조사	관련 분야 시장 조사 오프라인 매장 방문	내용 재정리	5
4	책 세부 목차	정보 수집 후 목차 작업	52+108(36×3)=160	3
5	책 전체 목차	목차 완성하기	160+α	2

1주 책 쓰기 준비: 주제와 목차 작성– 4+4×3 = 16

- 목차는 43(3) 원칙– 총 4개 챕터, 챕터당 3개의 주제를 넣는다.
- 책 제목은 명확하게 작성한다.

2주 책 기획 시작: 완성된 목차 업데이트 작업– 16+36(12×3)=52

- 1주 차 내용에 하위로 3단계 내용을 업데이트한다.

- 3단계 업데이트를 통해서 얻는 것은 내용의 깊이다. 2단계까지는 어려운 고민 없이 작업할 수 있지만 3단계까지 내용이 자세해지면 작성이 쉽지 않다. 많은 시간을 투자해 내용을 추가한다.
- 3단계 목차가 구성되면 책에 어떤 내용이 담길지 파악하게 된다.

3주 책 시장 조사: 관련 분야 책과 주제 시장 조사 – 해당 내용 참고 재정리

- 오프라인 서점을 방문해 참고할 만한 도서 15권 정도를 분석한다.
- 이 주에는 목차 수정을 하지 않는다. 목차는 그대로, 서점이나 온라인에서 시장 조사를 한다.
- 온라인으로 자료를 조사해서 내용을 채운다. 3단계에서 작업한 내용에 보다 자세하게 참고 자료를 넣는다.
- 아직까지 본격적인 글 작업 단계는 아니다. 자세한 자료 조사가 중점이다.
- 1~2주 차에 개략적인 주제와 목차를 정해 놓았기 때문에 시장 조사를 통해 정확히 어떤 책이 나올지 시장에서 어느 정도 수준인지, 다른 책과 어떤 차별성이 있는지 파악하게 된다.

4주 책 세부 목차: 정보 수집을 통한 세부 목차 작업하기 – 52+108(36×3)=160

- 세부 목차는 각 챕터당 3개씩 완성한다.
- 4주 차는 2주 차까지 작업한 내용과 3주 차의 자료 조사 내용을 참고해서 전체 내용을 더 상세하게 적는다. 이를 통해 책의 구성을 이해한다.
- 기존에 작성한 목차의 하단 목록에 번호를 넣어 목차 프로세스를 완성한다.

5주 책 전체 목차: 집필 작업을 시작하기 전 내용 완성하기 - 160+α
- 집필 전 목차이며, 이후에도 꾸준하게 목차 수정은 이루어진다.
- 본격적인 글쓰기 작업보다는 전체 내용을 한눈에 볼 수 있도록 정리한다고 생각하며 작업한다.
- 책을 어떤 내용으로 채워야 할지 알 수 있다. 즉, 목차와 관련된 내용을 상세하게 적음으로써 본 글쓰기 작업에 들어갈 때 수월하게 집필할 수 있다. 여기서도 완벽하게 정리하겠다는 마음가짐보다는 생각나는 내용부터 순차적으로 채워 나간다.

5주 차 목차 구성 작업은 대략 15시간 정도가 소요된다. 한 주에 2~3시간 정도가 소요되기 때문에 여유를 두고 작업을 한다. 한 주, 한 주 작성한 자료들이 쌓여 책의 틀을 완성할 수 있다.

책 쓰기를 끝까지 완료하는 3가지 노하우

https://youtu.be/Ne8_QzEauN0

아래 내용은 5주 동안 '김인건 대표'와 작업한 내용의 결과물이다. 매주 월요일마다 체크하여 내용을 보강했다. 한 주에 한 번씩 작업 결과물을 만들어야 하기 때문에 꾸준하게 작성할 수 있다.

[책쓰기] 월 - 김인건대표 / 음식창업, 대박 아닌 중박하기 #0530

- 5주차 미션 - 책 세부목차 콘텐츠 넣자 - 1챕터
- 4주차 미션 - 책 세부목차 잡자 - 정보 수집 통한 세부목차 완성하기
- 3주차 미션 - 아래 책을 준비하는 내용에 대해서 시장조사를 해보세요.
- 2주차 미션 - 책 기획 시작하자 - 완성 된 목차 업데이트 작업
- {5주차} 음식창업, 대박 아닌 중박하기 #0626 / 책 세부목차 콘텐츠 넣자
- {4주차} 음식창업, 대박 아닌 중박하기 #0619 / 책 세부목차 잡자 - 정보 수집 통한 세부목차 완성하기
- {3주차} 음식창업, 대박 아닌 중박하기 #0619 / 책 시장조사 하자 - 관련분야 책과 주제 시장조사
- {2주차} 음식창업, 대박 아닌 중박하기 #0612 / 책 기획 시작하자 - 완성 된 목차 업데이트 작업
- {1주차} 음식창업, 대박 아닌 중박하기 #0605 / 목록형 책쓰기 워크샵 - 책 제목 및 목차 작성

{5주차} 음식창업, 대박 아닌 중박하기 #<u>0626</u> / 책 세부목차 콘텐츠 넣자

- 주제: 저성장 시대의 장사 마인드
- 키워드
- **1. 책 제목** : 음식창업, 대박 아닌 중박하기
- **2. 책 주요 내용**
- **3. 책 목차**
  - *ch1. 새로운 환경. -*
    - [1] 기술혁신으로 인한 고용감소.
    - [2] 포퓰리즘과 인건비.
    - [3] 청년창업
    - [4] 베이비부머.
  - *ch2. 평균 수명 120세.*
    - [1] 대박은 없다.
    - [2] 개같이 번다는 태도.
    - [3] 목숨걸지 말라.
    - [4] 손님이 왕일까?(마음의 건강)
  - *ch3. 새로운 자영업 경영.*
  - *ch4. 얼마큼 오래 장사할수 있을까?를 먼저 계산.*
  - *ch5. 공부한다는 마음.*
- **4. 타깃 독자층**

다음은 이 책을 기획한 시점에 진행한 초기 작업 내용, 즉 가안이다. 어떤 내용을 담을지 몰라 생각나는 것을 기준으로 작성하기 시작했다.

[책쓰기] 워크플로위 - 일하는 방법 개선 전략

- 책 제목 - 단순하게 일하기 - 워크플로위
- 책 주요 내용
- 책 주요 목차
  - Ch1. 단순하게 일할 때 행복하자 - 어떻게 일해야 하는가?
  - Ch2. 단순하게 사용하는 최적의 툴
  - Ch3. 단순하게 일하는 방법 5가지(실전편)
  - Ch4. 일하는 방법 개선 전략(응용편)

책을 기획한 후 작성한 초안을 가지고 매주 조금씩 업데이트하면서 전체 내용을 변경했다. 해당 주제에 대하여 독자 입장에서 생각해 보기 위해 아래와 같은 질문을 했다.

문제제기 - 워크플로위 책 중요한 관점 5가지

- 1. Q. 워크플로위 책 독자가 원하는 부분은 무엇인가?
- 2. Q. 워크플로위로 무엇을 이루고 싶은가? (10가지)
- 3. Q. 워크플로위 어떻게 작성하나? 기본 프로세스 - 맨 앞에 넣는다
- 4. Q. 홍소장처럼 하면 일상에서 어떻게 달라지는가?
- 5. Q. 워크플로위 실습은 뭐 할 것인가?
- 6. Q. 각자가 원하는 것을 워크플로위로 작업하는 것들
- 7. Q. 워크플로위 강좌가 왜 대중화가 되지 않았다. 어떤점을 강조할 것인가?
- 8. Q. 기업이나 리더에에 적합한 도구가 아닌가? 아님 연결할 수 있나?
- 9. Q. 기본편 들었기에 해당 내용에서 어떤 것을 업그레이드 해야 할지 찾아야 한다?
- 10. Q. 기본편에는 이야기 했던 것을 어떻게 일하는 방법에 제공했는가?
- 11. Q. 생각하고 일하는 방법에서 원하는 것은 무엇인가?

질문 내용은 20~30개 정도 작성하고 충분한 시간을 가지고 답변한다. 어떤 내용이 책에 담겨야 하는지, 대상은 누구인지, 이 책을 통해 무엇을 말하려고 하는지 등 주관적, 객관적 관점 모두를 바라볼 수 있도록 해야 한다. 모두 답변을 하고 나면, 전문가나 지인들과 대화를 하면서 책에 내용을 보다 객관화하고 이해할 수 있는 시간을 마련한다.

- **제목 - 생각정리도구(workflowy) 9st** #0609
  - **1. 생각정리도구**
  - **2. 사용자 매뉴얼**
  - **3. 생각정리 - 아이디어 확장하기**
  - **4. 계획관리 - 할일관리, 시간관리**
  - **5. 실행하기 - 일하는 방법**
  - **실전 - 어떻게 일하고 있는가?**
- ~~제목 - 생각정리도구(workflowy) 8st #0519~~
- ~~제목 - 생각정리도구(workflowy) 7st #0516~~
- ~~제목 - 생각정리도구(workflowy) 6st #0425~~
- ~~제목 - 생각정리도구(workflowy) 5st #0421~~
- ~~제목 - 생각정리도구(workflowy) 4st #0414~~
- ~~제목 - 생각정리도구(workflowy) 3st #0413~~
- ~~제목 - 생각정리도구(workflowy) 2st #0411~~
- ~~제목 - 생각정리도구(workflowy) 1st 이전~~

집필 과정

이제부터는 본격적인 집필 과정 시작이다. 매우 오랜 시간 동안 꾸준히 지속해야 한다. 힘든 집필 과정을 잘 이끌어 나가기 위해서는 다음과 같은 자료들은 물론 마음가짐이 준비되어 있어야 한다.

첫째, 책 주제와 목차 구성이 제대로 갖춰져야 한다.

바로 집필에 들어갈 수 있는 목차가 구성되었다면 금상첨화다. 기획 작업을 모두 완성하게 되면 1안 정도의 분량이 나온다. 2안까지 작업한다면 글쓰기 작업이 좀 더 수월해진다. 전체적으로 집필 과정이 줄어들게 된다.

　1안) 기획 작업을 완성하면 대략 160개 목록이 나온다.

　　　$4+4\times3+36(12\times3)+108(36\times3)=160$

　2안) 5주 차 기획 작업을 완성한 후 세부 목차에 추가로 3개씩 더 작성한다. 작업하고 나면 484개 목록이 생긴다.

　　　$4+4\times3+36(12\times3)+108(36\times3)+324(108\times3)=484$

둘째, 글쓰는 시간을 전체적으로 줄여야 한다.

앉아 있는다고 해서 글이 술술 써지는 것은 아니다. 길을 걸을 때나 화장실에 있을 때, 대화를 하고 있는 도중에도 글감은 언제든지 떠오른다. 이렇게 떠오르는 생각들을 적을 준비를 해야 한다. 스마트폰으로 틈틈이 작성하고 녹음을 한다.

오디오 녹음 방식은 해당 주제에 대해 강의하듯이 말하며 기록한다. 나의 경우 정기적으로 강의를 하고 있기에 강의 녹음을 하고 나서 텍스트로 변환하는 작업을 한다.

매일같이 해당 주제로 글을 쓰는 습관을 가져야 한다. 원고 주제에 대해 질문을 하며 글쓰기 작업을 꾸준히 한다.

셋째, 충분한 내용 확보와 검증 작업이 필요하다.

관련 서적, 전문가와의 만남 등을 통해 내용을 추가하고 검증 작업을 한다. 이 작업을 통해 새로운 글감이 생기기도 한다. 보다 객관적인 관점에서 보는 것이 중요하며 질문을 통해 폭넓게 생각한다.

한 권의 책은 보통 6개월의 집필 작업이 걸린다. 본격적인 글쓰기 작업이 시작되기 전, 해당 주제로 깊이 있는 내용을 축적하기 위한 충분한 시간 확보는 필수이다. 이를 위해 목차가 완성된 이후에는 주제에 맞게 자료 조사를 해서 내용을 추가한다.

1. 생각정리도구

- 워크플로위는 생각정리도구다
- 워크플로위가 이시대 왜 필요한가?
  - 복잡한 사회로 접어들었고, 단순하게 텍스트 뿐만 아니라, 이미지나 영상 작업과 같은 복잡한 것이 나온 상황에서 오히려 단순화된 필요한거로 접어들었다. 이건 바로 텍스트가 주는 힘이다. 한줄로 읽었을 때 주는 효과가 매우 높기 때문에 천장의 이미지보다 백마디 말보다 나을 수 있기 때문이다. 다른 하나는 시대적 변화다. 더 짧아지는 거다. 이미지나 영상을 보는 것 보다 한줄 읽는 것이 많은 것들을 의미있게 전달 할 수 있으면 효과적이다.
  - 앞으로도 점점 더 짧아지고 추상의 레벨은 높아지는 것이 요즘 소비하는 시대적 상황을 반영하는 현상이라고 본다.
  - 이렇게 복잡한 상황을 하나의 키워드로 정의 내릴 수 있는 것도 명확한 사고를 할 수 있도록 도와주는 단계라고 본다. 처음에는 쉽지 않겠지만 목록사고를 꾸준하게 하면서 얻을 수 있는 방법이라고 본다.
  - 예로 회의록 같은 경우다. 많은 내용은 시간에 주고 받았고, 이를 작성 한 후, 제3자가 보고나서 쉽게 이해할 수 있도록 주요 핵심적인 키워드가 들어갔다면 제대로된 목록사고를 하고 있음을 이해할 수 있다.
  - 쇼핑 리스트 일 수도 있고, 체크리스트 형태를 의미한다.
  - 단순히 서술형으로 작성하는 것 보다는 개조식사고라고 하며, 하나의 내용을 끊어서 묶음이 의미를 가지도록 하는 것이 중요하다. 큰 덩어리를 쪼개서 생각을 정리하는 방법이 효과적이다. 이런 방식을 구체적으로 업무나 삶속에서 녹여서 사용하는 것들을 목록사고의 핵심이라 본다.

검증 작업

책을 집필할 때 검증 작업은 큰 축에서 두 가지가 있다.

첫째, 기획한 내용에 대한 자료 조사다. 어떤 사람은 100권 이상의 자료 조사가 필요하다고 말하기도 한다. 나의 경우 오랫동안 작업한 결과 20권 이내가 적당하다고 생각한다. 책 쓰기 5주 차 프로젝트 작업에서 언급했듯이, 어떤 책을 기획할지 먼저 정한 이후에 자료 조사를 한다. 기획 이전에 자료 조사는 시간이 많이 걸리고 불필요한 자료가 만들어질 수 있다. 어느 정도 책을 기획한 이후 진행하면 초반에 하는 것에 비해 30% 정도만 해도 충분히 자료를 확보할 수 있다.

둘째, 초고 작업을 마친 후 해당 내용을 전체 목차와 함께 셀프 검증한다. 책 작업은 오랜 시간이 걸리기 때문에 일이 진행됨에 따라 초반에 작성한 목차가 상당수 변경된다. 따라서 다시 작업 과정을 거치면서 원고의 흐름을 파악한다.

- 초고 완성 후 목차 재정리
- 문제 제기로 내용 검증 작업
- 목차 재정리 후 내용 보강

초고 작업을 하다 보면 기획했던 내용과 달리 충분하지 않거나 변경되는 부분이 생긴다. 이런 점을 보강하기 위해 2차 초고 작업을 하도록 한다. 이때 하는 것은 아래 두 가지다.

하나. 목차를 재정리한다. 필요한 내용을 보강하거나 빼는 등의 목차 작업을 한다.

이 도서의 경우 9번의 목차 수정 작업이 있었다.

[book] 생각정리도구 워크플로위 #0411

- 주요 내용
- **제목 - 생각정리도구(workflowy) 9st #0609**
- 제목 - 생각정리도구(workflowy) 8st #0519
- 제목 - 생각정리도구(workflowy) 7st #0516
- 제목 - 생각정리도구(workflowy) 6st #0425
- 제목 - 생각정리도구(workflowy) 5st #0421
- 제목 - 생각정리도구(workflowy) 4st #0414
- 제목 - 생각정리도구(workflowy) 3st #0413
- 제목 - 생각정리도구(workflowy) 2st #0411
- 제목 - 생각정리도구(workflowy) 1st 이전

둘, 전체 내용 정리다. 목차 정리를 마치고 나면 내용이 전체적으로 다시 정리된다. 이런 작업을 거치면 원하는 내용이 완성된다.

마지막으로 출판사 편집자와 함께 정리하면서 최종 편집을 거치면 완성된다. 이때 2차 초고 작업보다 더 많은 내용이 추가되고 빠질 수 있다.

모든 작업을 마치고 나면 이제는 전체 과정을 반복적으로 진행한다.

회의 진행 – 모두에게 유용한 회의 진행과 작성법

회사에서 회의 진행은 큰 축에서 의사 전달(회의 주제 및 참석자)과 주요 이슈(주제 설명), 프로젝트를 진행하기 위한 문제 해결(회의 진행 및 정리)로 이루어진다.

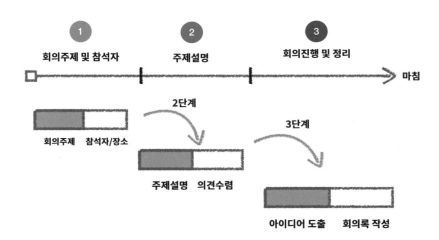

단계	주요 내용	상세 내용	비고
1	회의 주제와 참석자	• 안건과 의제 선정 • 참석자와 장소 체크	회의 진행자 준비
2	회의 주제 설명	• 회의 주제에 대한 배경과 목적 설명 • 회의 주제로 사전 의견 수렴	의사 결정권자 참석필
3	회의 진행 후 정리	• 아이디어를 도출하도록 질문 유도 • 해야 할 일, 결정한 것, 중요한 것 • 회의를 마치고 나면 회의록 작성	3가지 사항 모두 답하기

회의를 위한 433 원칙 작성하는 법

- 1. 회의주제(문제제시)
    - 주제
    - 참석자
    - 장소와 시각
- 2. 회의설명(문제확장)
    - 모르는 것
    - 의견을 듣고 싶은 것
    - 대안들 (ex. 장 단점 나열)
- 3. 회의진행(해결방안 / 의견)
    - 지식
    - 의견의 나열
- 4. 회의결론(문제개선 및 확대)
    - 해야할일
        - 1.
        - 2.
        - 3.
    - 결정한것
        - 1.
        - 2.
        - 3.
    - 중요한 것(기억해야 할것)
        - 1.
        - 2.
        - 3.

회의 주제와 참석자

회의 주제를 잡고 진행자를 선정한 후에는 해당 주제 내용을 정리한다. 이후 참석자 체크와 장소 섭외를 한다. 왼쪽 이미지에 있는 작성 원칙의 '1. 회의 주제'를 모두 작성한다.

회의 주제 설명을 위한 기획안 작성

회의 진행을 위한 준비 작업을 한다. 어떤 형식으로 진행되었으면 좋겠는지 사전에 참가자들의 의견을 듣는다. 본 회의 때 아이디어를 쉽게 도출할 수 있도록 유도 질문을 만들어 보는 것도 좋다.

회의 주제에 대한 세부 기획을 작성하기 위해 43(3) 원칙을 사용한다. 원칙에 따라 기본적인 내용을 작성한 후 문제 제기를 거치면 보다 세부적인 회의 기획안이 나온다.

작성 원칙에서 '2. 회의 설명'을 모두 채운다. 3가지 정도의 주제를 작성하고 2~3줄의 부연 설명을 추가한다. 사전에 의견을 받아서 '3. 회의 진행' 항목에 넣어 둔다.

- A기업 회의하는 법
  - 1. 개요(문제제시)
    - 주제 : 효과적이고 효율적인 회의하는 방법
    - 참석자 @홍순성
      - 김성순
    - 장소와 시각
      - 2018년 6월 6일 8시
      - 광화문 A지점
  - 2. 문제확장 - 질문을 통해 문제제기
    - (1)회의소집 부터 회의 정리까지 효율적으로 만들려면?
    - (2)사람들의 생각을 더 많이 끌어내는 방법은 무엇일까?
    - (3)회의중 커뮤니케이션을 원할하게 하려면 무엇을 준비해야할까?
  - 3. 문제해결(해결방안 / 의견)
    - @김성순
      - 회의 하며 실시간 업데이트, 질문 후 brain writing, 질문 준비@참석자
    - @홍순성
      - brain writing을 활용 해보면 어떨까요?
  - 4. 결론(문제개선 및 확대)
    - 해야할일
    - 결정한것
    - 중요한 것(기억해야 할것)

회의 진행 후 정리

본격적인 회의에서는 다양한 아이디어를 도출하는 것이 중요하기 때문에 사전 질문을 받거나 해당 내용에 대해 의견이 잘 나올 수 있도록 충분히 설명하는 것이 중요하다. 모든 참여자가 회의 주제를 파악한 후에는 적어도 2~3가지 정도의 질문을 작성하도록 한다. 작성한 질문을 토대로 다른 사람의 의견을 듣고 답변하는 것으로 회의를 진행한다.

회의록은 회의 내용을 정리하여 나중에도 회의 결과를 확인할 수 있도록 하며, 참여하지 못한 사람들을 위한 정보로써도 사용할 수 있게 한다. 크게 '해야 할 일', '결정한 것', '중요한 것' 위주로 적도록 한다.

회의를 할 때 가장 중요한 것은 해당 주제에 대한 의사결정이 필요한 사항이다. 만약 준비되지 않으면 원활한 회의 진행이 어려우니 미리미리 처리할 수 있도록 준비를 철저히 한다.

나는 '에버노트 사용 방법'부터 '나는 1인 기업가다', 그리고 올 초에 시작한 '실행 독서'까지 오디오는 물론 영상 모두를 운영하면서 콘텐츠 제작부터 진행까지 다양한 시도를 하고 있다. 특히 팟캐스트는 벌써 5년째 운영 중이다. 여기서는 이러한 콘텐츠를 제작하고 운영하면서 얻은 노하우를 중심으로 팟캐스트 제작, 운영 방법에 대해서 소개하도록 하겠다.

팟캐스트를 운영하려면 아래 사항이 모두 충족되어야 한다.

① 어떤 내용으로 할 것인지 주제 잡기
② 함께 진행하는 파트너(MC)
③ 오디오 콘텐츠 제작 경험
④ 오디오 편집 기술
⑤ 팟캐스트 방송 장비

녹음 스튜디오는 시간당으로 빌리거나 장비의 경우 구매해서 사용해도 좋다. 방송 편집은 본인이 할 수 있다면 직접 해도 좋고 그렇지 않다면 일정 비용을 지불하고 편집 서비스를 받도록 한다. 큰 비용이 드는 작업이 아니기 때문에 처음 시작하는 사람들은 편집을 맡겨도 좋다. 장비 또한 바로 구매하기 부담스럽다면 스튜디오에 있는 장비를 먼저 이용해 본 후 사도록 한다.

팟캐스트를 시작하고자 마음을 먹었다면 다양한 주제의 방송을 들은 후 자신과 알맞은 주제를 찾고 주제에 맞게 운영하는 방식을 따라 해 본다. 팟캐스트는 보통 운영자 2명, 게스트 1명으로 운영된다. 2명의 운영자가 게스트 1명과 주제를 가지고 이야기하는 방식이다. 주제에 대해서 보다 이해할 수 있도록 운영자가 미리 시간에 맞춰 관련 질문을 만들어 놓는다. 또는 운영자 3~4명 정도가 매번 새로운 주제를 가져와서 서로 자신의 생각을 이야기한다. 사람에 따라 주제에 대해 다양한 관점이 나올 수 있다. 대표적으로 유시민이 나온 노유진의 정치 카페나 알쓸신잡, 지대넓얕 등이 이런 포맷을 가지고 있다. 운영자가 주제와 관련된 지식이 풍부하게 있어야 방송을 잘 이끌어 나갈 수 있다.

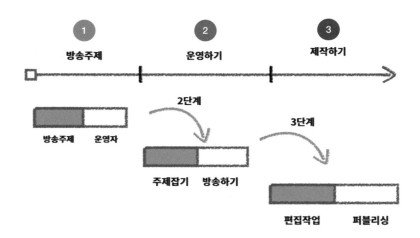

단계	주요 내용	상세 내용	비고
1	방송 주제	• 방송 주제와 이름 결정 • 함께 진행할 운영자 찾기 • 장소 섭외하기	하고 싶은 주제 선정
2	운영하기	• 매회 주제 잡기 • 방송 진행 방식 • 게스트 섭외 후 협업 작업 • 방송 진행하기	다양한 방송 청취

| 3 | 제작하기 | • 방송 후 편집하기
• 퍼블리싱 후 로그 분석 | 마케팅 능력 필요 |

방송 주제

어떤 주제로 방송을 할 것인지 생각하는 단계이다. 방송 주제를 잡기 위해서는 기획 작업을 해야 한다. 기획 작업은 앞서 배운 강의 기획, 책 쓰는 방식과 유사하다. 혼자 기획 작업을 한다면 자신이 관심 있거나 잘하는 것 또는 하고 싶은 프로젝트를 주제로 진행하도록 하며, 여러 사람과 함께할 때에는 공통 관심 주제를 찾아야 한다.

나는 올 초부터 '실행 독서'라는 팟캐스트를 진행하고 있다. 이 방송은 책을 읽고 얻은 3가지 내용을 설명하는 것부터 시작하여 각자 책을 읽고 다른 사람들에게 책의 장점에 대해 이야기하는 방식으로 진행된다.

실행독서(with 홍순성, 최환진) - 매주 목요일 한권씩 소개하는 ☆ ···
책 팟캐스트

- 채널 - http://www.podbbang.com/ch/10819
  - 바쁜 직장인이나 사업가, 학생들에게 오디오를 통해 책의 핵심내용 3가지를 배우고, 현업이나 실행의 관점에서 실천하도록 촉진하고 안내하는 팟캐스트 프로그램
  - MC - 홍순성, 최환진
  - email - sshong@sshong.com
- 1> 운영
  - 1주에 1회 발행을 목표로 합니다 - 녹음된 방송의 글은 발행
  - 부가적으로 1회정도 선택적으로 발행합니다 - 추가도서, 저자녹음, 부가글등
- 2> 기획
  - a) 저자에게서 직접 들어보는 실행독서 3
- 3> 어떻게 진행되는가 ?
  - 실행독서의 진행과 준비과정을 소개합니다.
  - 각자 책 읽고, 주요부분 마크업하고, Q시트작성하고..
  - 방송전에 Q-시트공유하고.. 진행할 부분들
  - 읽어추천할 내용도 정리합니다.

  방송 컨셉 자체는 어렵지 않았기 때문에 책을 선정하는 기준과 방송을 어떻게 진행해야 하는지가 가장 중요한 요소였다. 또한 방송을 통해 얻게 되는 것이 무엇인지 충분히 생각하여 충실한 내용을 전달해야 하는 것이 관건이었다.

운영하기

팟캐스트 운영은 크게 각 회차당 주제 잡기와 방송 진행으로 이루어진다. '실행 독서'의 경우는 한 권의 책을 선정하는 것부터 시작한다. 책을 선정하는 원칙에서 주의할 것은 실행의 관점에서 책을 선택해야 하고 책을 통해 본인이 직접 실행하고 있는 것을 설명해야 한다. 책을 선택했다면 방송 운영을 위해 작업 공간을 만들어 원고 작업을 한다. '실행 독서'는 워크플로위를 사용하여 일정과 회차당 원고 작업을 한다.

(책팟)실행독서(with 홍순성, 최환진) - 매주 목요일 한권씩 소개하는 책 팟캐스트

- 주요 일정
  - 시그널 -
  - 0회 - 실행독서 소개방송 10분정도 [실행독서] 오프닝 - 홍소장과 최대표의 실행독서입니다
  - **01회 - 생산성(productivity) - 생산성 높은 기업이 가장 창의적인 기업이다** @최대표
  - **02회 - 혼자회의 - 혼자 회의 하니까 즐겁다** @최대표
  - **03회 - 공부를 돈으로 바꾸는 기술**
  - **04회 - 리스트습관 - 쓰는 대로 이루어진다**
  - **05회 - 메모의 재발견 - 메모를 성과로 이끄는 기록과 활용의 노하우** @180106 @최대표
  - **06회 - 단순함이 너의 모든 것을 바꾼다**
  - **07회 - 그들은 책 어디에 밑줄을 긋는가 - 고수들의 미니멀 독서법** @180106 @최대표
  - **08회 - 질문의 7가지 힘**

원고는 미리 만들어 둔 템플릿을 사용하며, 방송 운영 기획을 하면서 템플릿을 채워 나간다. 만약 별도의 게스트 섭외가 필요하면 서로 어떤 내용을 주고받을지 워크플로

위로 공유 작업을 하여 알려 준다. 템플릿 작성은 전체 작업을 보다 효율적으로 운영하도록 도와준다.

- **<책제목>**
  책의 제목을 작성해주세요. 부제목도 작성해 주세요.
  - **1> 오프닝**
    책을 선택하게된 개인적 경험이나 배경을 소개해주세요.
  - **2> 책소개**
    책의 저자, 주요 특징과 구성에 대해서 소개해 주세요.
  - **3> 책의 주요내용들**
    책에서 다루고 있는 주요 내용을 들을 3-5가지 소개해 주세요.
  - **4> 3TA(Tasks-Actions)**
    실행의 관점에서 이 책을 통해 선택한 3가지 과제와 자신의 실행계획을 알려주세요.
  - **5> 나의 선택은 ?**
    3TA에서 가까운 시일안에 실행한 1가지 일과 실행안을 소개해 주세요.
  - **6> 정리 및 소회**
  - **7> 추천도서**
    방송에서 소개하는 책과 함께 읽어보면 도움이 될 책들을 소개해 주세요

방송은 책을 선정한 사람이 답을 하고 그렇지 않은 사람은 해당 주제로 질문을 하며 진행된다. 이러한 방식으로 서로 위치를 바꾸며 준비와 진행을 번갈아가며 한다. 게스트가 참여하여 책을 직접 고른다면 작성 템플릿을 공유해서 알려 준 후 사전에 정리할 수 있도록 한다.

제작하기

오디오 편집은 복잡하지 않기 때문에 금방 배울 수 있다. 하지만 많은 시간이 소요되고 지속적으로 해야 하는 번거로움이 있다. 스튜디오에 따라 편집을 도와주는 곳도 있으니 참고하기를 바란다.

'실행 독서'는 직접 편집한다. 두 명의 MC가 각자 자신의 것을 편집하는 방식을 채택하고 있어 큰 부담은 없다. 편집을 할 때에는 모니터링을 통해 어떻게 운영하고 있는지 파악하고 개선할 수 있는 방법을 찾을 수 있다.

편집 툴은 윈도우와 맥 등 다양하게 사용한다. 무료로 제공하는 오디오 편집 툴은 Audacity(윈도우, 맥 모두 가능)이다. 나의 경우는 비디오와 함께 편집을 진행하기 때문에 파이널컷(맥용)에서 작업한다.

〈Audacity 다운로드〉

https://www.audacityteam.org/download/

팟캐스트는 팟빵에서 서비스를 받고 있기 때문에 최종 편집한 후 1부씩 쪼개서 퍼블리싱을 진행한다.

워크플로위 사용법

—

워크플로위는 아주 단순한 도구이지만 사용할수록 강력한 힘을 갖고 있다. 특히 아이디어 기록과 구체화 작업에 뛰어나며 생각 정리를 통해 원하는 목표를 이룰 수 있도록 도와준다. 누구나 쉽게 시작할 수 있는 사용법 또한 워크플로위의 장점 중 한 가지이다.

생각 정리의 필수품, 워크플로위란 무엇인가?

디지털 시대가 되면서 정보의 과잉 현상 문제로 직장인들에게 필요한 것 중에 하나가 바로 생각 정리이다. 워크플로위WorkFlowy는 "Organize your brain(당신의 뇌를 정리해 준다)"라는 모토로 제작된 것으로, 특히 메모장처럼 가벼운 반면 깊이 있는 사고를 손쉽게 이끌어 내는데 있어서 최적의 생각 정리 도구라고 할 수 있다.

워크플로위는 2010년 Mike Turitzin과 Jesse Patel이 만든 간단한 웹 기반 아웃라이너Outliner 프로그램으로, 2013년 PC World에 소개되어 알려졌다. 워크플로위는 프리미엄 비즈니스 모델로 운영되며 직관적인 인터페이스로 유명하다.

협업 커뮤니케이션 서비스로 유명한 슬랙Slack에서 기획과 개발을 할 때 협업 도구로 사용되었다는 소식이 전해지면서 대중적으로 알려지기 시작했다. 38억 달러의 규모로 성장한 슬랙의 가치만큼 워크플로위는 프로젝트를 기획하고 완성하기까지 최적의 협업을 도와주는 도구이기도 하다. 기획을 하기에 아주 적합하여 국내 스타트 업에서도 인기가 높다.

슬랙 CEO인 스튜어트 버터필드^{Stewart Butterfield}는 "자신의 머릿속에 그린 아이디어를 구체화하고자 워크플로위를 이용하기 시작했다"라고 말했으며, 에반 윌리엄스^{Evan Williams}(미디엄, 트위터 설립자)는 "워크플로위는 지금까지 사용해 본 그 어떤 목록 작성/노트 앱보다 내 머리 구조에 잘 들어맞는다"라고 언급했다.

워크플로위의 특징

워크플로위는 아이디어를 정리할 때 편리하게 사용할 수 있는 목록으로 되어 있으며, 컴퓨터와 스마트폰에서 동일하게 접근할 수 있다. 워크플로위는 두뇌 전체를 감당할 수 있는 단일 종이와 같다. 모든 것을 작은 조각으로 나누고, 나눈 조각들을 큰 카테고리 안에 넣어 쉽게 구성하고 정리할 수 있게 해 주는 최고의 조직 도구이다. 워크플로위의 효율은 브레인스토밍에서부터 메모, 프로젝트를 만들고 글을 보관할 때 등 제한이 없다.

워크플로위는 기본 메모장을 뛰어넘는 편리함과 가벼움을 가지고 있다. 카테고리, 메모 등 작업을 풀어내는 것에 차이가 없이 모두 목록이기 때문에 메모(생각 정리)를 목록으로 작성하고 카테고리로 만들 수 있다. 상위 목록–하위 목록으로 구분되며, 실시간으로 작업을 하면서 정리할 수 있는 유연함을 가지고 있다.

워크플로위의 최소 단위는 목록(아이템, 리스트)으로 구성되어 있으며, 이를 따로 구분하는 공간이 없기 때문에 페이지라는 개념이 존재하지 않는다. 이것은 단점으로 비춰질 수도 있지만 구분 없이 여러 목록을 연결할 수 있기 때문에 생각 정리에 제한을 두지 않을 수 있다.

워크플로위의 기능은 단순하지만 제대로 이해하고 사용한다면 무한한 가능성을 갖고 있다. 에버노트에서 작성한 아이디어를 워크플로위와 쉽게 연결하여 함께 묶어서 사용할 수도 있다.

〈워크플로위 주요 특징〉
- 트리 구조의 메모장이며, 목록 기반의 서비스이다.
- 머릿속 생각을 간단하게 옮길 수 있도록 도와준다.
- 에버노트와 함께 또 다른 두 번째 뇌로 사용할 수 있다.

- 작가라면 책 목차 작업을 편하게 할 수 있다.

- 팀원과 기획부터 작업에 이르기까지 협업이 편리하다.

- 바쁘고 반복적인 작업이 많은 직장인들의 생각 정리를 도와준다.

- 백업이 쉬우며 태그 기능으로 주제에 맞게 작업을 분류하여 관리할 수 있다.

워크플로위는 이미지와 파일 첨부 작업을 할 수 없다. 오로지 텍스트로만 작성해야 하는 단점을 가지고 있지만 사용하다 보면 이런 부분이 장점이 될 수 있다. 바로 단순함을 제공하기 때문이다.

워크플로위는 아이디어 관리, 일기, 업무 계획(할 일 관리), 프로젝트 기획, 회의록, 버킷 리스트, 여행기, 블로그, 책 쓰기, 쇼핑 목록 등 다양한 곳에서 사용할 수 있다.

에버노트는 수집, 워크플로위는 생각 정리

워크플로위를 사용하기 이전에는 아이디어 생성과 자료 저장, 할 일 목록 등의 일들을 모두 에버노트에 관리했다. 노트에 내용을 담아 놓고 일을 하는 것이 편리했기 때문이다. 이후 아이디어와 일하는 환경을 워크플로위로 이전하게 되었다. 큰 축에서 수집과 아날로그 자료, 문서가 담긴 형태의 노트 이외 나머지는 워크플로위를 사용한다. 에버노트는 수집과 자료 관리가 편리하고 워크플로위는 목록 작성을 통해 기획을 하고 체크 리스트 작업이 편리하기 때문에 이러한 장점들만을 모아 함께 사용한다.

에버노트는 아이디어를 작성할 때마다 새 노트를 만든다. 아이디어의 수만큼 매번 노트가 생성되고 쌓이면 관리가 필요하다. 특히 노트의 수가 몇 백 개에서 몇 천 개로 늘어나면 관리는 절대적이다. 에버노트는 컴퓨터와 스마트폰에서 쉽게 자료를 수집하고 검색할 수 있는 탁월한 기능을 가지고 있지만 생각 정리와 업무 기획 등을 관리할 때에는 고도의 기술이 필요하다. 이럴 때 에버노트와 워크플로위를 함께 사용하면 쉽게 분리 작업을 할 수 있고, 관리적 어려움을 줄이고 사용도를 높이는 효과를 가져올 수 있다.

워크플로위를 사용하면서 가장 많이 하는 것은 '아이디어 기록과 계획 작성'이다. 가법고 관리가 편리하며, 얼마든지 기존 작업 상황을 함께 살펴볼 수 있기 때문이다. 또한 구분이 필요한 것을 기록할 경우라면 태그를 넣어 관련 데이터만을 살펴볼 수 있다. 프로젝트의 경우라면 진행 여부를 간편하게 확인할 수 있어 장기간의 작업 상황을 손쉽게 관리할 수 있다. 전체적으로 관리 시간이 적고 언제나 모든 목록을 볼 수 있기 때문에 상황에 대한 이해도가 높다.

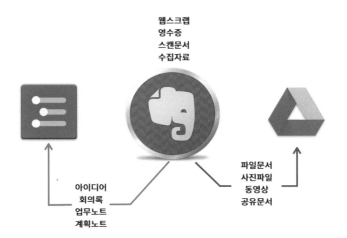

웹스크랩
영수증
스캔문서
수집자료

아이디어
회의록
업무노트
계획노트

파일문서
사진파일
동영상
공유문서

에버노트 vs 워크플로위

에버노트와 워크플로위를 비교하면 아래와 같다.

첫째, 에버노트는 여러 개의 노트가 생성되면서 관리가 필요하다. 하나의 노트라도 많은 내용이 쌓이면 구분하고 내용을 꼼꼼히 정리해야 한다. 이에 반해 워크플로위는 별도의 작업 양이 많지 않다.

둘째, 에버노트는 검색의 이로움이 크지만 노트가 많아지면 오히려 찾기가 쉽지 않다. 검색을 사용해 키워드와 이미지, 파일을 찾을 수 있는 장점을 가지고 있지만 그와 관련된 많은 노트가 검색되고 해당 내용을 정확히 찾기 힘들다. 워크플로위는 검색 시 목록 위주로 바로 볼 수 있기 때문에 원하는 내용을 쉽게 찾을 수 있다.

셋째, 에버노트에서 일부 자료를 공유하고 싶을 때에는 따로 노트를 생성해야 한다. 기본적으로 하나의 노트만 가능하다. 워크플로위는 목록별로 공유가 가능하다.

회원 가입과 설치하기

워크플로위 회원 가입은 웹 사이트나 스마트폰에서 앱을 설치한 후 가능하다. 이메일과 패스워드만으로 손쉽게 가입할 수 있다. 워크플로위 사용은 컴퓨터에서는 웹 브라우저와 전용 앱(데스크톱 버전), 모바일 환경에서는 앱으로 가능하다. 웹상에서의 작업과 모바일에서의 작업을 동일하게 할 수 있는 클라우드 서비스를 제공한다. 특히 전용 앱을 설치한 후에는 온라인에 접속되지 않아도(오프라인 모드) 작업할 수 있으며, 다시 연결되면 동기화 작업을 한다.

회원 가입하기

1) 워크플로위 웹 사이트(https://workflowy.com)에 접속한다. 가입하려는 이메일과 비밀번호를 입력한 후 [Sign Up]을 클릭한다.

2) 가입이 완료되면 아래와 같은 화면이 나타난다.

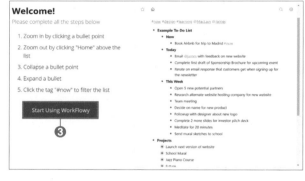

컴퓨터와 모바일 앱 다운로드

컴퓨터와 모바일에서 전용 앱을 사용할 때에는 오프라인 모드가 지원된다. 연결되지 않아도 일단 작업을 한 후, 나중에 자동으로 동기화 작업이 이루어진다.

데스크톱 어플 다운로드

설치 프로그램은 Windows, Mac, Linux App에 제공된다.

- 다운로드 링크 – https://workflowy.com/downloads

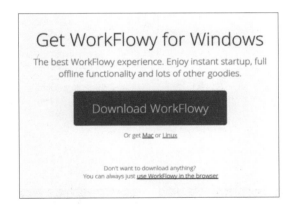

스마트폰 앱 다운로드

스마트폰에서는 아이폰(앱 스토어)이나 안드로이드(Play 스토어)에서 'WorkFlowy'를 검색한 후 다운로드한다.

 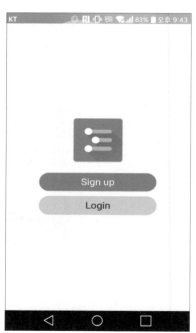

무료 vs 유료

워크플로위는 무료와 유료 서비스로 구분해 운영 중이다. 무료 서비스에는 기본적으로 100개의 목록이 제공되며, 유료 서비스는 "워크플로위 프로^{WorkFlowy Pro}"라고 하며 기능과 목록을 무제한으로 제공한다. 무료 사용자의 목록 초기화는 매월 1일에 진행된다.

구분	무료	유료
특징	• 월 100개 목록 제공 • 기본 테마와 폰트(제한적) • 공유 링크 가능 • 이메일 인증으로 공유 지원 • 변경된 자료를 이메일로 제공	• 무제한 목록 제공 • 테마 및 폰트 선택 가능 • 공유 링크 가능 • 이메일 인증으로 공유 지원 • 드롭박스 백업 • 프리미엄 서비스 지원(고객 지원)
비용	무료	월 – $4.99 연간 – $49

〈워크플로위 프로(유료) 서비스 주요 특징〉

• 무제한 목록: 유료 사용자에게는 무제한으로 목록을 제공한다.

• 테마 및 폰트: 테마 및 폰트를 사용하여 개인 환경을 마련할 수 있다. 간단한 기능

이지만 배경을 원하는 색으로 변경할 수 있고 폰트를 변경해서 가독성을 높일 수 있다.

- 드롭박스에 백업: 매일 전체 내용을 자동으로 드롭박스 계정으로 백업한다. 데이터 손실에 대해 걱정하지 않아도 된다. 단 실시간 백업 지원은 하지 않는다. 하루에 한 번 백업을 진행한다.
- 프리미엄 지원: 고객 지원 서비스를 우선 제공한다.

워크플로위 사용이 도움이 된다면 유료 결제를 하는 것도 좋다. 유료 결제를 하려면 우측 상단의 [설정](⚙) 〉 [Settings]를 클릭한 후 [Get WorkFlowy Pro]를 클릭해서 작업한다. 월 단위로 결제를 할 건지 연 단위로 결제를 할 것인지 선택한다. 국내용 카드는 사용 불가하며 해외용 카드로 결제가 가능하다. 카드 정보를 입력한 후 [Upgrade Account]를 클릭해서 결제를 완료한다.

Upgrade to WorkFlowy Pro

Thanks for joining WorkFlowy Pro! Your purchase keeps WorkFlowy running and lets us make it better.

Why should you upgrade?

Unlimited Lists
Pro users can make as many lists and items as they want. Non-pro users are limited to 100 per month.

Backup to Dropbox
Never worry about losing your WorkFlowy data. Have full backups automatically uploaded to your Dropbox account every day.

Password Protected Collaboration
Pro users can share parts of their WorkFlowy account with specific people, verified by email address and password.

Theme and Fonts
Pro users get to change the look and feel of WorkFlowy with a library of themes and fonts. Make your WorkFlowy more personal.

Premium Support
We answer emails from Pro members first.

Your Plan
○ $4.99 per month
○ $49 per year (~20% off)

Credit Card Info

Cardholder's name

Card number   MM   YYYY   CVC

Upgrade Account

유료를 사용하지 않아도 친구 추천 제도를 통해 용량을 늘릴 수 있다. 회원 가입 후에는 친구 추천 제도를 이용하고 가입 전이라면 다른 회원의 친구 추천 주소로 가입한다. 기본으로 제공되는 100개 목록에 더하여 추가로 250개를 늘릴 수 있다. 가입할 때마다 250개의 월별 목록도 추가로 제공된다. 참고로 친구 추천 제도는 기존 사용자와 달리 새롭게 가입하는 사용자에게 해당된다.

친구 추천 제도로 용량을 늘리는 방법은 다음과 같다.

1) 'Settings' 메뉴에서 [Refer people – get free space]를 클릭한다.

2) 초대할 친구의 이메일이나 문자, 카톡 주소를 입력하고 [Send Invites]를 클릭한다.

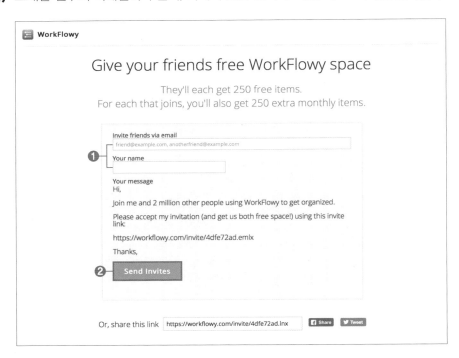

컴퓨터와 스마트폰 메뉴 주요 기능

워크플로위는 스마트폰(모바일)과 PC에서 동일한 환경을 제공하지만 기능은 그렇지 않다. 아래의 표를 통해 기능의 차이를 확인해 보도록 하자. 모바일 서비스도 꾸준하게 업그레이드 중이라 웹에서 사용하던 기능이 포함될 예정이다.

구분	스마트폰	PC 환경
특징	• 목록 선택 및 수정 작업 • 펼치기/닫기 등 • 작업 진행 여부(완료) • 노트 작성, 목록 이동 • 태그 및 기본 검색 • 폰트 크기 변경 가능 • 즐겨찾기 • 공유 기능 (지원 예정) • 목록 작은 메뉴 창 지원 (미지원) • 단축키 (미지원)	• 목록 선택 및 수정 작업 • 펼치기/닫기 등 • 작업 진행 여부(완료) • 노트 작성, 목록 이동 • 태그 및 기본 검색 • 목록 작은 메뉴 창 지원 • 즐겨찾기 • 공유 기능 • 단축키 • 한 개 이상의 목록 이동/삭제

컴퓨터 주요 기능

컴퓨터에서의 사용은 웹과 어플리케이션 모두를 지원한다. 기능적 차이는 동일하므로 원하는 것을 선택해서 사용하면 된다.

웹 환경 메뉴 설명과 사용법

워크플로위 작업은 컴퓨터 환경에서의 작업이 가장 편리하고 기능 또한 많다.

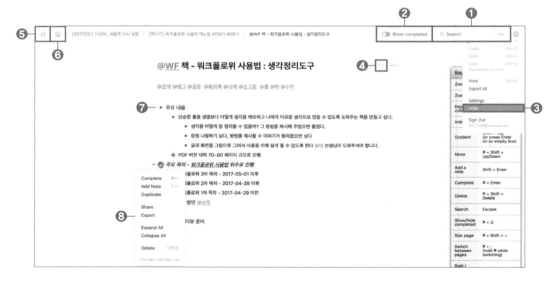

❶ **검색 창 :** 키워드와 태그를 검색할 수 있는 곳이다. 마우스로 선택 또는 단축키를 누른 다음 해당 키워드를 입력한다.

❷ **작업 상황 :** 목록 완료 여부를 체크한다.
- Show completed **활성화 상태 :** 완료된 목록 보여 주기
- Show completed **비활성화 상태 :** 목록 감추기

❸ **Help(도움말) :** 단축키에 대한 내용을 제공한다.
윈도우(`Ctrl` + `?`), 맥(`cmd` + `?`) 단축키 이용

❹ **즐겨찾기 :** 해당 목록을 즐겨찾기에 넣는다.

❺ **즐겨찾기 목록 보기 :** 즐겨찾기 목록을 보여 준다.

❻ **Home :** 최상위로 가려고 할 때 선택한다.

❼ **목록 :** 글머리로, 여기서는 목록으로 정의한다.

❽ **목록 상세 메뉴 설정 :** 목록을 설정할 수 있는 작은 메뉴 창이 나타난다.

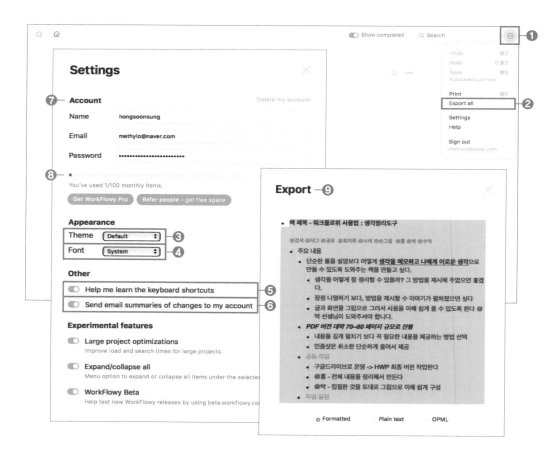

❶ **Settings(설정) :** 테마 및 폰트, 단축키, 이메일, 사용자 정보 등을 설정할 수 있다.

❷ **Export all :** 내보내기 메뉴, 전체 목록을 내보낼 수 있다.

❸ **테마 :** 무료로 제공되는 테마는 1개, 나머지는 유료 사용자만 제공된다.

❹ **폰트 :** 무료로 제공되는 폰트는 4개, 나머지는 유료 사용자만 제공된다.

❺ **키보드 단축키 :** 체크하면 항상 나타난다.

❻ **이메일 받기 :** 체크하면 변경된 내용을 매일 이메일로 전달한다. 백업으로 활용 가능하다.

❼ **사용자 정보 :** 계정 정보, 이메일, 패스워드를 변경할 수 있다.

❽ **목록 사용량 체크 :** 무료 사용자의 경우만 나타난다. 유료 사용자는 무제한 제공한다.

❾ **Export(내보내기 리스트)**

- **Formatted :** html로 내보내기
- **Plain text :** 텍스트로 내보내기
- **OPML :** Outline Processor Markup Language로서, 구조화된 정보의 교환을 허용하는 XML 기반의 포맷으로 내보내기

목록 상세 메뉴를 볼 수 있는 작은 메뉴 창

컴퓨터에서만 제공되는 작은 메뉴 창 화면으로써, 8가지 기능이 제공된다. 자주 사용하는 것은 완료와 공유 기능이다. 공유/내보내기/복제 기능은 컴퓨터에서만 제공되고 있다. 향후 모바일에서도 지원 예정이다.

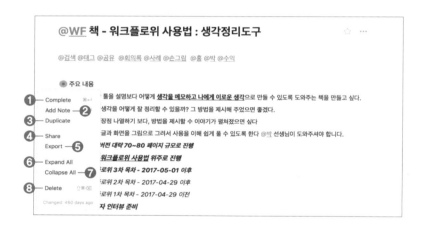

❶ Complete(완료) : 목록을 완료

❷ Add Note(노트 추가) : 해당 목록에 노트 추가

❸ Duplicate(복제) : 해당 목록 복사

❹ Share(공유) : 해당 목록을 공유 작업

❺ Export(내보내기) : 해당 목록을 내보내기

❻ Expand All : 목록 모두 펼치기

❼ Collapse All : 목록 모두 닫기

❽ Delete(삭제) : 해당 목록을 지우기

폰트 변경 방법 – 굵게, 기울기, 밑줄

워크플로위는 그 자체가 매우 단조롭기 때문에 굵게, 기울기, 밑줄 작업을 통해 중요하거나 강조할 부분을 표시할 수 있다. 기존 편집 툴에서 사용하듯 동일하게 단축키로 사용할 수 있다. 색깔 변경은 기본적으로 제공되지 않으나 크롬 확장팩을 통해서 지원한다.

- Ctrl + B (Bold, 굵게)
- Ctrl + I (italic, 기울기)
- Ctrl + U (underline, 밑줄)

> **@WF 책 - 워크플로위 사용법 : 생각정리도구**   ☆ ···
>
> @검색 @태그 @공유 @회의록 @사례 @손그림 @홈 @박 @수익
>
> - 주요 내용
>   - 단순한 툴을 설명보다 어떻게 **생각을 메모하고 나에게 이로운 생각**으로 만들 수 있도록 도와주는 책을 만들고 싶다.
>   - 생각을 어떻게 잘 정리할 수 있을까? 그 방법을 제시해 주었으면 좋겠다.
>   - 장점 나열하기 보다, 방법을 제시할 수 이야기가 펼쳐졌으면 싶다
>   - 글과 화면을 그림으로 그려서 사용을 이해 쉽게 풀 수 있도록 한다 @박 선생님이 도와주셔야 합니다.
>   - *PDF 버전 대략 70~80 페이지 규모로 진행*
> - **주요 목차 - <u>워크플로위 사용법</u> 위주로 진행**
>   - **워크플로위 3차 목차 - 2017-05-01 이후**
>   - 워크플로위 2차 목차 - 2017-04-29 이후
>   - 워크플로위 1차 목차 - 2017-04-29 이전
> - **국내외 사용자 인터뷰 준비**

단축키 설명 – PC만 제공

워크플로위 단축키는 작업을 편리하게 도와주기 때문에 도움말 창을 띄워 놓고 사용하면 좋다. 도움말 단축키(윈도우 `Ctrl` + `?` /맥 `cmd` + `?`)를 누르면 바로 창이 나타난다. 기본 단축키 이외 작업(편집)을 할 때 사용하는 단축키도 제공된다. 워드 프로그램에서 사용하는 단축키 편집과 동일하다.

스마트폰 주요 기능

스마트폰에서의 사용이 늘면서 컴퓨터에서만 가능했던 기능들을 스마트폰에서도 사용할 수 있도록 업그레이드 중이다. 기능은 컴퓨터와 큰 차이가 없으나, 몇 가지 기능이 아직 지원되지 않는다. 외장 키보드를 사용하면 단축키 등을 쓸 수 있으며, 목록 완료와 삭제 등은 스와이프 기능으로 제공한다.

〈스마트폰 기능〉

- 외장 키보드 지원
- 텍스트 폰트 사이즈 조절 가능
- 스와이프 기능으로 목록 완료와 삭제 지원
- 취소 및 되돌리기
- 즐겨찾기
- 완료 여부
- 공유 기능(향후 지원)

메인 화면

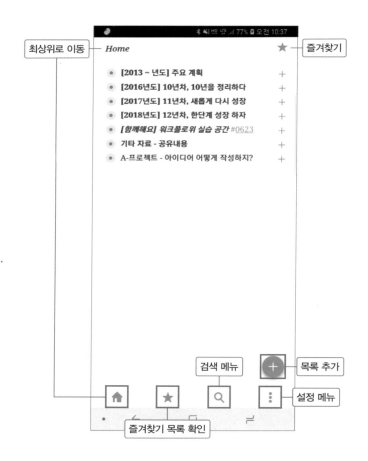

최상위로 이동

즐겨찾기

검색 메뉴

목록 추가

설정 메뉴

즐겨찾기 목록 확인

Home

- [2013 ~ 년도] 주요 계획
- [2016년도] 10년차, 10년을 정리하다
- [2017년도] 11년차, 새롭게 다시 성장
- [2018년도] 12년차, 한단계 성장 하자
- *[함께해요] 워크플로위 실습 공간* #0623
- 기타 자료 - 공유내용
- A-프로젝트 - 아이디어 어떻게 작성하지?

❶ 즐겨찾기 / ❷ 설정 메뉴

즐겨찾기
목록

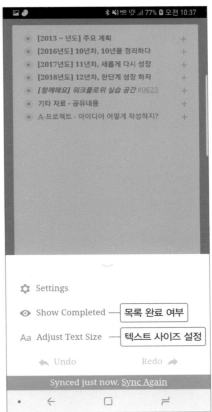

설정[Settings] 메뉴

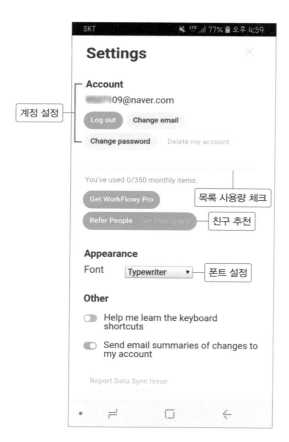

계정 설정

목록 사용량 체크

친구 추천

폰트 설정

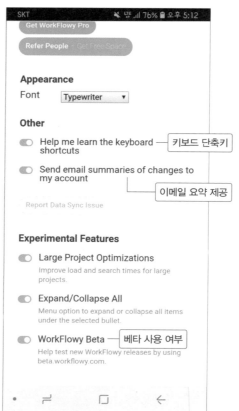

키보드 단축키

이메일 요약 제공

베타 사용 여부

238

폰트 사이즈 변경[Adjust Text Size] 메뉴

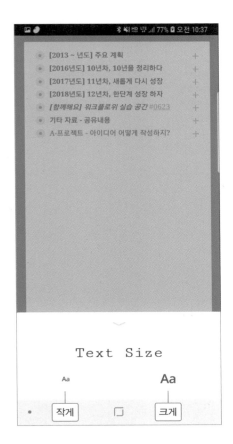

스와이프로 완료(우측 밀어내기), 삭제(좌측 밀어내기)

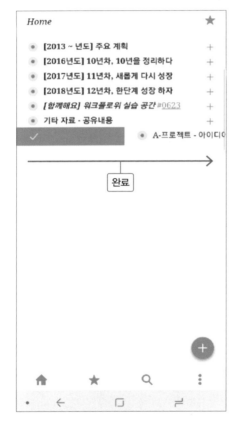

완료

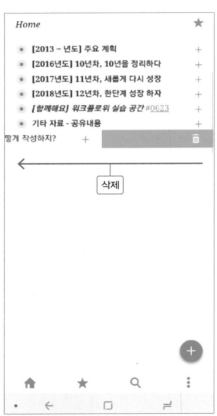

삭제

목록 작성과 태그, 키워드 검색을 하는 법

워크플로위에서 목록을 작성한 후 원하는 내용을 찾으려면 태그와 검색을 이용한다. 검색의 기준은 목록 단위이다. 검색 창에 키워드나 태그를 입력하여 검색한다. 검색 창에서 원하는 것을 빠르게 찾으려면 키워드+키워드, 키워드+태그, 태그+태그 등 복수의 키워드를 함께 넣어서 검색한다.

워크플로위에서 태그는 한눈에 볼 수 있는 지도의 핀과 같다. 특정 태그로 필터링하면 원하는 컨텍스트context를 한 번에 볼 수 있다. 물론 키워드 검색으로도 해당 목록을 찾을 수 있지만 미리 지정한 것 위주로만 찾을 때는 태그가 좋다.

검색할 때는 전체 검색과 부분 검색이 있다. Home 위치에서 검색하면 전체 검색, 해당 목록(하위 목록)에서 검색하면 부분 검색이 가능하다. 정확한 위치를 알고 있다면 부분 검색을 통해 더 빨리 찾을 수 있다.

목록 작성하기

워크플로위의 최소 단위는 목록(아이템, 리스트)이다. 목록은 워드 프로그램의 글머리 기호 작업과 유사하게 작업하면 된다. 한 개의 목록에 글자 수 제한은 없으며 목록과 함께 노트 작업을 할 수 있다. 노트는 글쓰기 작업을 하거나 상세 정보를 담을 때 사용한다.

1) 워크플로위에 입력하기 위해 [목록](●)을 클릭한다.

●아이디어는 어떻게 작성하지?

2) 입력을 계속하려면 Enter 를 누른 후 입력한다.

- 아이디어는 어떻게 작성하지?
- 머릿속 생각을 먼저 기록한다
- 한줄로 아이디어 작성으로 끝나서는 안된다 ── Enter

3) 입력한 것을 하위 디렉터리로 넣으려면 글을 작성한 후 [Tab]을 누른다. 하위 디렉터리를 상위 디렉터리로 변경하고 싶다면 [Shift] + [Tab]을 누른다. 직접 마우스 포인터를 사용하여 원하는 위치로 이동시킬 수도 있다.

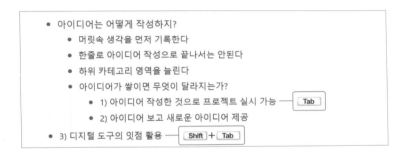

4) 노트 작업을 할 때에는 [목록](●) 위에 마우스 포인터를 올려놓은 후 [Add Note]를 클릭한다. 목록 아래에 메모장을 작성하듯 내용을 적는다.

243

나에게 맞는 태그 사용하기

태그는 초반부터 무리하게 늘리기보다 한두 개씩 나에게 맞는 것을 적용하여 늘리도록 한다. 먼저 한 개를 지정해서 사용한 후 도움이 되면 동일한 방식으로 하나씩 추가한다. 초반에는 태그 없이 사용하다 2~3주 후 검색을 통해 특정 키워드를 찾는 경우가 많아질 때 태그를 넣어서 사용한다. 반면, 한 달이 지나도 기록만 할 뿐 사용하지 않는다면 오히려 작업할 때 불편하기만 하니 삭제한다.

태그 작성에는 #과 @, 두 가지 유형이 있다. 둘은 단지 모양의 차이일 뿐 기능은 동일하니 필요에 따라 적합한 것을 사용하면 된다. 나는 #은 주로 프로젝트와 일하는 유형으로 작업하고 @는 사람과 지역, 아이디어 작성 위주로 사용하고 있다. 이것을 반드시 따를 필요는 없다. 본인이 편리하게 사용할 수 있는 패턴을 찾아 쓰면 된다. 사용이 많으면 그만큼 관리해야 할 유형이 많기 때문에 초반에는 단순한 것 위주로, 점차 유형별로 5개씩 작성해 놓으면 좋다.

기호	# 사용	@ 사용
활용	• 프로젝트 주제 • 업무 유형별 • 상위 유형	• 사람 • 지역 • 서브 유형

큰 축에서 태그 활용은 아이디어 기록과 계획 위주로 작성한다. 주제에 따라 연결되어 있기도 하지만 개별적으로 운영된다.

<u>태그 작성 방법</u>

태그 작성 방법은 목록 작성법과 동일하다. #이나 @를 입력한 후 태그명을 입력한다. 태그로 명명된 것은 태그 밑에 밑줄이 생성되고 글씨 색상이 달라진다.

1) 아이디어 태그를 만들기 위해 '@아이디어'를 입력한다. 이후 '@아이디어' 태그를 달아야 할 목록에 태그를 추가한다.

- @아이디어 쌓이면 무엇이 달라지는가?
  - 1) 아이디어 작성한 것으로 프로젝트 실시 가능
  - 2) 아이디어 보고 새로운 아이디어 제공
  - 3) 디지털 도구의 잇점 활용

2) [Home]에서 '@아이디어' 태그를 검색하면 '@아이디어' 태그가 삽입된 모든 목록이 검색되는 것을 확인할 수 있다.

● 아이디어는 어떻게 작성하지?
   ● @아이디어 쌓이면 무엇이 달라지는가?
      ● 1) 아이디어 작성한 것으로 프로젝트 실시 가능
      ● 2) 아이디어 보고 새로운 아이디어 제공
      ● 3) 디지털 도구의 잇점 활용
● @아이디어 작성는 하위디렉토리 3줄 중요
● @아이디어 작성하기

나는 '#강좌' 태그라는 것을 사용해 과거와 미래의 강좌 정보를 관리하고 있다. 예전에 진행했던 강의를 확인할 수 있어 나중에 유사한 강좌를 개설할 때 유용하다. 강의 자료 마감 날짜(#0702)와 진행 날짜(#0707)를 목록에 작성해서 작업 상황도 함께 볼 수 있도록 한다. 또한 업체와 주제, 마감과 강의 진행 날짜를 넣어 언제 마감하는지 쉽게 알 수 있도록 한다.

- 1> 금융연수원 강의준비 주요일정 #0702 #0707 #강좌
  - 1. 강의 전제 내용 정리 - 금요일 오후
  - 2. 강의 슬라이드 정리 - 토요일
  - 3. 실습 내용 준비 - 일요일
- 2> 2박3일에 끝내는 스마트폰 동영상 제작 #0707 #0717 #강좌

계획과 관련해 자주 사용하는 태그는 @someday다. 당장은 아니지만 언젠가는 해야 하는 할 일 목록 위주로 작성한다. 작성한 것은 한 주에 하루 정도 '하루 정리' 일정을 만들어 해당 목록을 챙긴다. 만약 빠른 시일 내에 해야 할 목록이라면 #todo 태그를 작성해서 일하는 기준을 달리한다. 이 밖에도 아이디어와 프로젝트에 대한 태그를 만들어 운영한다. 특히 아이디어를 작성한 후에는 다른 목록과 태그로 연결할 수 있어 가장 많이 사용하는 것 중에 하나다.

태그 활용을 높이는 인덱스 태그 만들기

워크플로위는 텍스트 형태로 되어 있어 검색 기능의 효율을 최대한 이끌어 낼 수 있다. 원하는 내용을 빠르게 볼 수 있으며, 정확하게 해당 키워드를 찾을 수 있다. 특히 태그와 함께 사용하면 활용이 배가 된다.

상위 목록에 미리 해당 인덱스 태그[Index Tag]를 넣어 두면 따로 검색 창을 사용하지 않아도 클릭 한 번으로 원하는 목록을 찾을 수 있다. 복수 개의 태그를 선택하여 검색할 수도 있다. 스마트폰에서도 작업이 가능하다.

1) 목록 위에 마우스 포인터를 올린 후 [노트 추가(Add Note)]를 클릭한다.

2) 목록 하단에 노트를 작성하듯 태그를 작성한다.

[2018년도] 12년차, 한단계 성장 하자

- ***[plan]* 할일(to-do)**

  @일기 #todo @Someday @hong
  #강좌 #1coop (협동조합)
  @id @PS노트 @ev @pod
  @qa (질문부자) @book (책쓰기) @output (생산성2.0)
  @wf (생각정리도구) @yb (유튜브)
  @후기 (강의후기) #fail (실패하지않는법)

Home > [2018년도] 12년차, 한단계 성장 하자 >

[plan] 할일*(to-do)*

@일기 #todo @Someday
#강좌
#1coop (협동조합)
@id @PS노트 @ev @pod
@qa (질문)
@실행독서
@book (생산적책쓰기)
@output (생산성2.0)
@hong (홍순성)
@wf
@wfb (생각정리도구책)
#ytb (유튜브)
@후기 (강의후기)

- ***[Goal]* 2018 계획 11가지**
  ...
- ***[Goal]* 홍소장 3개년 계획**
  ...
- ***[Goal]* 2018년 3가지만 이루자**
- #0100 - 퇴근카페, 에버노트개정판
- #0200 - 워크기업강좌, 팟캐스트100위권
- #0300 - 워크강좌확대, 책쓰기오픈
- #0400 - 강의기획, 유튜브시작하기

〈태그 작성 시 유용한 팁 3가지〉

❶ 간소화한다.

태그는 최소한 간소화한다. 아이디어라고 하면 @id, 워크플로위는 @wf 등 무엇을 의미하는지 빠르게 이해할 수 있도록 쉽게 작성한다.

❷ 할 일(to-do) 목록은 날짜와 함께 사용한다.

날짜를 기반으로 할 일 목록을 작성한다. 할 일 목록은 작성하는 날짜를 기준으로, 만약 작성하는 날짜가 6월 5일이라면 #0605 형태로 사용한다. 시작과 끝나는 날짜를 파악하고 싶다면 #0606 #0620 등 앞은 시작 날짜를, 뒤는 마치는 날짜를 함께 입력한다.

❸ 주제별로 태그를 작성한다.

해당 주제의 핵심 키워드로 아이디어를 작성한다. 나의 경우에는 #강의, #책작업 등으로 태그를 구분해서 사용한다.

검색 창에 숨겨진 검색 기능 찾기

검색 창에는 공개되지 않은 숨겨진 기능이 있다. 숨겨진 검색 기능을 사용하면 좀 더 쉽게 원하는 목록을 찾을 수 있다.

❶ –(not)

해당 키워드를 제외한다는 의미다. 해당 용어가 포함된 목록을 제외하려면 검색어 앞에 '–'를 추가한다. 예를 들어 검색 창에 '@아이디어 –#프로젝트'라고 입력하면 @아이디어와 #프로젝트 태그 중에 #프로젝트가 함께 들어간 것을 제외한다.

❷ OR(caps)

검색 용어 사이에 대문자 'OR'를 추가하여 해당 용어 중에 하나라도 포함하는 목록을 검색한다. 예를 들어 검색 창에 '@아이디어 OR #프로젝트'라고 입력하면 @아이디어 또는 #프로젝트에 할당된 모든 목록을 표시한다.

❸ "Quoted string"

큰 따옴표("")를 사용하면 따옴표 사이의 문자열을 포함하는 목록을 찾을 수 있다. 예를 들어 "나는 1인 기업가다"로 검색할 수 있다. 또한 단어 또는 숫자의 일부를 검색한다. 예를 들어 "스튜디오"라는 단어를 검색하면 '홈스튜디오'와 '스튜디오' 모두를 검색한다. 숫자 또한 "203"을 검색했을 경우 "123203456"이 포함된 목록을 찾는다.

❹ is:embedded

외부에서 가져온 워크플로위 목록을 찾아 준다(공유 받은 것).

❺ is:shared

외부로 공유한 목록을 찾아 준다.

❻ is:complete

완료된 목록을 찾아 준다.

❼ completed:

완료된 것 중에 시간을 정해서 찾을 수 있다.

- Completed:5 – 5분 전
- Completed:5h – 5시간 전
- Completed:5d – 5일 전

❽ last-changed:

특정 기간 내에 마지막으로 변경된 목록을 검색할 수 있다. 목록이 최근 언제 수정되었는지 알고 싶다면, 목록에 커서를 1~2초 올려놓는다.

검색 창에 'last-changed:1d'를 검색하면 마지막 날에 변경된 항목을 검색한다.

- last-changed:25 – 25m
- last-changed:5h – 5시간 전

- last-changed:25h − 25시간

검색 창에 여러 연산자를 조합하여 사용할 수도 있다. 예를 들어 지난주에 할 일 (#todo)이 완성된 것만 찾는다면 'is:complete #todo last-changed:10d'로 검색하면 된다.

❾ has:note
노트 안에 있는 키워드만 찾을 수 있다. 예를 들어 검색 창에 'has:note 키워드'를 검색하면 해당되는 것을 찾는다.

- 숨겨진 검색 연산자 참조 − https://blog.workflowy.com/2012/09/25/hidden-search-operators/

검색을 잘하는 방법

검색이 늘면 활용도가 높아진다. 아래와 같은 방법을 사용해 검색의 효율을 늘려 보도록 하자.

첫째, 검색을 자주 한다.

검색을 자주 하면 효율적으로 결과물을 찾는 방법을 알게 된다. 또한 좋은 결과물을 이끌어 내기 위해 태그 및 키워드를 사용하게 된다. 특히 주제별 태그 규칙을 사용하면 찾는 것이 수월하다. 예를 들어 강좌(#강좌) 위주로 작업하거나, 아이디어(@id), 프로젝트(@book) 등을 사용한다. 무작정 나열하듯이 작성하는 것보다 태그를 사용하면 빨리 찾을 수 있다.

둘째, 키워드를 명확하게 작성한다.

키워드를 명확하게 작성하지 않거나, 동일 키워드라도 불규칙적으로 작성하면 검색이 혼란스럽다. 따라서 자주 사용하는 키워드에 대해 명확한 정의를 내려서 작성하도록 한다. 예를 들어 '프리젠테이션' 또는 '프레젠테이션' 등으로 같은 단어에 혼란을 주어 사용하는 것을 지양한다.

아래의 검색 사례를 살펴보며 좀 더 검색을 효율적으로 하는 방법을 배워 보도록 하자.

사례1 – 특정 태그로 한 달 안에 작성한 것만 찾고 싶다

나는 매일같이 책 쓰기를 주제로 한 아이디어 태그 @wfb를 사용한다. 만약 최근 30일 이내 변경된 키워드 중에 '책 쓰기' 주제를 찾고 싶다면 아래와 같이 입력한다.

- @wfb last-changed:30d 책쓰기

사례2 – 최근 한 달 동안 완료한 목록만 찾고 싶다

워크플로위는 목록을 작성할 뿐만 아니라 완료 여부를 체크할 수 있다. 예를 들어 한 달 동안 완료한 목록을 알고 싶을 때 다음과 같이 검색 창에

is:complete last-changed:30d 혹은

Completed:30d

를 검색한다. 둘 다 동일한 결과를 나타낸다.

완료된 목록을 찾고 싶다면 검색 창에 'is:complete'를 입력한다. 또한 완료된 것 중에서 시간을 정해서 찾을 수 있는데, 예를 들어 1일 동안 완료된 것을 찾으려면 'Completed:1d'를 사용하면 된다. 단축키 **Ctrl** + **O** 를 사용하면 완료된 목록을 보거나 사라지게 할 수 있다.

워크플로위를 잘 사용하기 위해 알아야 할 기능

펼쳐진 목록을 보기 편하게 닫는 방법

워크플로위의 큰 장점 중 하나는 전체 목록을 펼치거나 닫으면서 개인이 원하는 환경을 직접 만들 수 있다는 것이다. 모든 내용을 보고 싶다면 펼쳐서, 2단계 목록만을 보고 싶다면 간단한 클릭을 통해서 쉽게 환경을 설정한다.

전체 목록 펼치기와 닫기 작업은 목록 앞부분의 (+), (−)를 선택해서 작업한다. 목록을 마우스로 클릭하거나 단축키를 사용하면 된다.

- 전체 목록 열기/닫기 단축키: 열기(Ctrl + ↓), 닫기(Ctrl + ↑)
- 마우스로 작업 시 목록(+)을 한 번 클릭하면 '열기', 목록(−)을 한 번 클릭하면 '닫기'

전체 내용을 편리하게 보는 방법

목록을 작성하다 보면 여러 단계의 하위 목록으로 내려갈 수 있다. 이때 모든 내용을 한 번에 보거나, 2단계 이상은 모두 닫고 싶을 때 사용한다.

①번 항목에서 2단계 이상 모두 닫은 상태로 보고 싶을 때: 마우스로 목록(−)을 두 번 클릭한 후, 이어서 목록(+)을 한 번 클릭한다.

②번 항목에서 2단계 이상 모두 펼쳐 보고 싶을 때: 마우스로 목록(−)을 한 번 클릭한 후, 이어서 목록(+)을 두 번 클릭한다.

전체적인 큰 틀을 빠르게 이해하고자 할 때 ①번 항목을 자주 사용한다. 예를 들어 책의 목차 작업을 하면서 2단계 정도만 보거나 다시 전체를 보고자 할 때 사용한다.

모든 계층이 나열되면 목록이 많아 복잡할 수 있는데 이를 줄여서 간편하게 볼 수 있어 목록을 쉽게 정리할 수 있다.

① 전체 목록 환경

② 간편한 목록 환경

해당 기능은 상위 메뉴에서도 동일하게 사용할 수 있다. 상위 우측에서 […]를 선택하면 Expand All과 Collapse All 기능이 나온다.

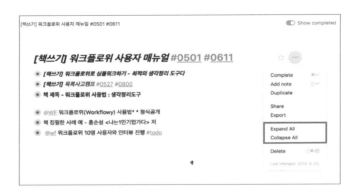

- Expand All : 모두 펼치기
- Collapse All : 모두 닫기

상위 우측에서 [⋯]가 안 나올 경우에는 베타를 설치해서 사용하도록 한다. 워크플로위에 있는 목록을 워드나 다른 곳으로 옮기고 싶다면 해당 목록을 드래그하여 복사하거나, 만약 옮겨지지 않는다면 내보내기 옵션을 'Formatted' 방식으로 작업한다. Formatted 방식은 HTML로 저장된다.

원하는 목록을 상하 이동시키는 방법

워크플로위는 목록을 계층과 관계없이 원하는 위치로 이동시킬 수 있다. 처음부터 어디에 넣을지 자리를 잡고 작업을 하지 않아도 된다. 상하 계층적 상황에서 정해진 위치 없이 어느 곳에서나 작업한 후 원하는 위치로 이동할 수 있다.

목록을 상하로 이동시키는 방법은 컴퓨터와 스마트폰에서 약간의 차이가 있다. 컴퓨터에서는 마우스로 [목록](◉)을 한 개 클릭하거나 여러 개를 드래그하여 선택한 후 원하는 위치로 이동시킨다. 스마트폰에서는 이동시키고 싶은 목록을 누른 후 아래 위로 움직이며 원하는 위치로 이동시킨다. 한 번에 여러 개의 목록 이동은 지원하지 않지만 외장 키보드와 연결하면 사용할 수 있다.

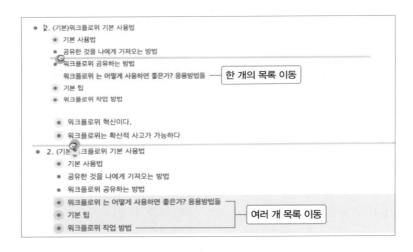

사용하고 있는 전체 목록 수 알아보기

워크플로위는 목록의 양을 알려 주지 않기 때문에 전체 목록을 알기 위해서는 다음과
같은 방법을 사용한다.

1) 완성된 항목을 포함하기 위해 [Show completed]를 활성화한다.

2) 오른쪽 상단의 […]를 클릭한 후 [Expand All]을 선택한다. 작업 양이 많다면 다소 시간이 걸릴 수 있다.

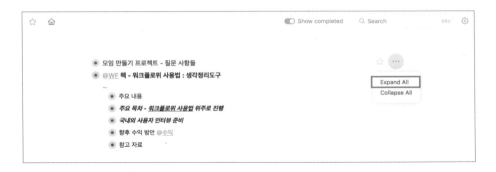

단축키로 목록 수 알아보기

단축키 `Ctrl` + `A` (Mac일 경우 `cmd`)를 두 번 누른 후 전체 목록이 선택되면 오른쪽 팝업 메뉴에서 목록이 몇 개인지 확인할 수 있다.

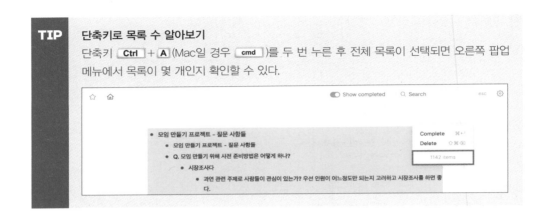

자주 사용하는 목록을 즐겨찾기 하기

워크플로위의 즐겨찾기(별표 페이지)는 브라우저상에서 즐겨찾기 작업을 하듯이 원하는 목록을 선택하여 포함시키면 된다. 검색 창 우측에 있는 별표를 선택하면 하단으로 여러 개의 즐겨찾기 페이지가 나타난다. 나열된 페이지를 선택하면 해당 목록으로 이동한다. 스마트폰에서도 동일하게 작업할 수 있다.

〈사용하고 있는 즐겨찾기 작업 목록〉

- 매일같이 작성하는 할 일 목록 공간

- 책 작업을 하는 집필 공간

- 팟캐스트 및 컨설팅 프로젝트 공간

1) 즐겨찾기할 목록을 선택한 후 오른쪽 상단의 [별표]를 클릭한다.

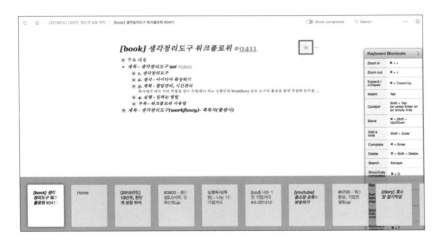

2) 즐겨찾기에 포함되었는지 체크하기 위해 왼쪽 상단에 있는 [별표]를 클릭한다.

3) 원하는 즐겨찾기 목록으로 이동하기 위해 하단에 있는 목록 중 원하는 것을 클릭한다.

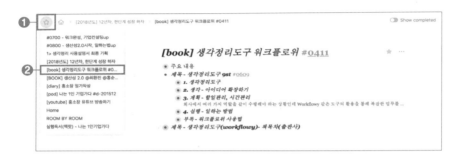

워크플로위를 공유하는 방법

워크플로위는 목록을 공유할 수 있다. 공유받은 사람은 직접 목록에 작성할 수 있고 자신의 워크플로위에 저장할 수 있다. 공유 작업은 아직 컴퓨터에서만 가능하며, 향후 모바일에서도 지원될 예정이다.

워크플로위 공유 방법

1) 공유하려는 목록 위에 마우스 포인터를 갖다 대면 상세 메뉴 목록이 나온다. 여기서 [Share]
를 클릭한다.

2) 목록을 공유하는 방법은 '이메일 인증 방법'과 '링크 생성' 2가지가 제공된다. 여기서는
[Get shareable link]를 클릭한다.

* 이메일 인증 – Enter email addresses

: 이메일을 사용한 인증 서비스를 통해 목록을 공유할 수 있다. 이메일 인증 방식은 해
당 이메일 사용자만 접근해서 사용할 수 있다.

* 링크 생성 – Get shareable link

: 링크를 활성화하면 공유 URL 생성되며 공유한 사용자는 누구나 접근 가능하다.

3) 공유 URL이 생성된다. 공유 작업 시 'view/edit'를 선택하기 위해 'Can edit?'의 []를 활성화시킨다. 이후 공유 URL을 복사해 이메일이나 메신저로 전달한다.

TIP 워크플로위는 목록마다 해당 링크가 제공된다. 이 링크는 절대 링크이기 때문에 목록을 이동 시키더라도 링크 주소는 변경되지 않는다. 절대 링크 값은 공유(share) 작업을 하지 않는 이상 다른 사용자가 접근할 수 없다.

절대 링크 값은 'https://workflowy.com/#/08000xxxxx' 같은 형태로 제공되며, 변하지 않기 때문에 내부적으로 다른 클라우드(에버노트, 원노트)로 자료 관리를 할 때 사용할 수 있다. 예를 들어 에버노트로 자료 정리를 할 때 워크플로위 링크를 가지고 와서 사용하면 따로 찾아가는 번거로움을 줄일 수 있다.

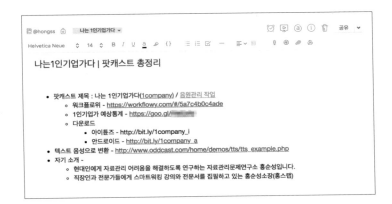

워크플로위 공유 중지하기

공유 중지 방법은 공유하는 방법과 동일하게 [Share]를 클릭한 후 나타나는 창에서 설정한다. 링크 왼쪽에 있는 [X]를 클릭하면 공유가 중지된다.

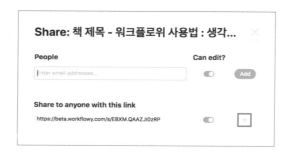

TIP **공유한 목록과 공유받은 목록을 찾고 싶을 때**
검색 창에 숨겨진 검색어를 사용한다. 공유한 것을 찾으려면 'is:shared'를, 외부에서 가져온 목록이라면 'is:embedded'를 사용한다.

TIP **공유받은 사람은 로그인을 하지 않아도 보거나 수정이 가능할까?**
계정을 가지고 있지 않아도 수정 모드로 공유했다면 작업이 가능하다. 만약 계정이 있다면 자신의 워크플로위에 저장하여 관리할 수 있다. 공유했던 사용자가 해지하면 자동으로 사라진다.

워크플로위를 공유받는 방법

공유받은 사용자가 워크플로위에 작성하면 자동으로 동기화 작업이 되어 전달된다.

공유받는 방법

1) 공유받은 워크플로위 링크로 접근하면 상단에 'This is a collaborative WorkFlowy'라는 창이 나타난다. 여기서 [Add to my account] 버튼을 클릭한다.

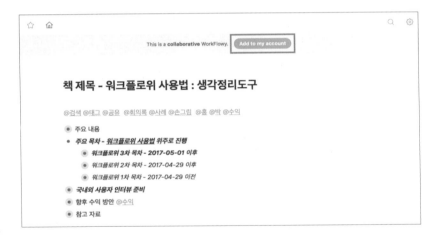

2) 공유 창이 나타나면 [View My Account]를 클릭한다.

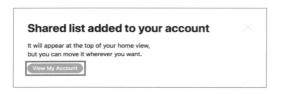

3) 공유받은 리스트는 워크플로위로 이동시켜 작업할 수 있다. 만약에 편집을 허용했다면 편집 작업도 가능하다.

공유받은 것을 제거하는 방법

제거하려는 목록을 선택하면 다음 이미지와 같이 작은 메뉴 창이 나타난다. 이때

[Remove]를 선택하면 목록이 사라진다. 해당 기능은 컴퓨터에서만 가능하다.

무료 버전 백업 방법

워크플로위는 유료 버전에서만 드롭박스 앱과 연동해서 백업이 가능하다. 실시간 또는 하루 여러 번 정해진 시간의 백업은 지원하지 않는다. 또한 컴퓨터의 휴지통과 같은 기능은 없으며, 일정 시간이 지난 삭제한 데이터의 복원도 어렵다.

무료 버전에서 백업을 사용하고 싶다면, 매일 업데이트된 내용을 이메일로 받는 옵션을 선택하여 사용한다. 전날 버전과 차이가 생기면 변경된 내용(굵은 폰트와 업데이트 상황)을 이메일로 전달하기 때문에 백업 용도로 활용이 가능하다.

1) 드롭박스에 백업하기 위해 [설정](⚙)을 클릭한 후 [Settings]를 클릭한다.

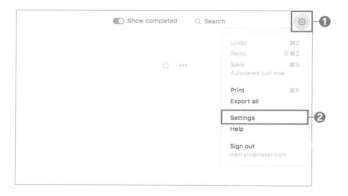

2) 'Other' 메뉴에서 [Send email summaries of changes to my account]를 클릭해 체크한다.

TIP 유료 사용자의 경우 'Backup' 항목이 나타나며 드롭박스에 백업 파일을 저장할 수 있다.

3) 변경된 내용은 매일 아침 이메일을 통해서 확인할 수 있다.

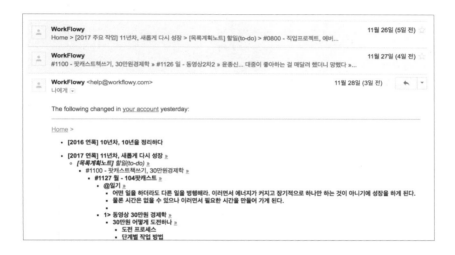

전날 업데이트된 내용이 몇 개인지, 새롭게 생성된 것이 몇 개인지 굵은 글씨로 구분해서 제공된다. 공유를 통해 함께 작업할 경우에도 어떤 것을 변경했는지 확인할 수 있다.

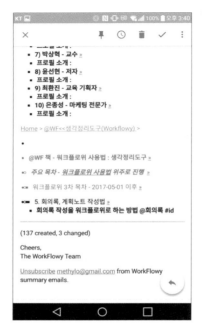

유료 버전 백업 방법

유료 버전이라면 드롭박스로 연동해서 백업한다. 작업 양이 많은 사용자라면 유료 버전을 사용해서 안전하게 보관한다. 드롭박스 백업은 먼저 드롭박스 계정에 가입한 후 사용한다. 워크플로위는 텍스트 작업이 주이기 때문에 데이터 사이즈가 크지 않다. 보통 하루 백업량이 대략 3MB 정도이기 때문에 드롭박스 무료 계정으로도 사용이 가능하다.

1) 'Settings' 메뉴에서 [Auto-backup my WorkFlowy to Dropbox]를 클릭하여 체크한다.

2) 변경된 내용이 자동으로 드롭박스에 백업되는 것을 확인할 수 있다.

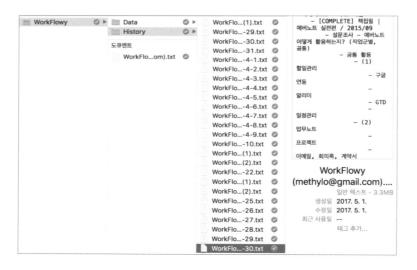

일이 되게 하는 생각 정리법

생각하고 계획하고 일하라 WorkFlowy

1판 1쇄 발행 2018년 11월 23일
1판 2쇄 발행 2019년 1월 12일

저 자 | 홍순성
발 행 인 | 김길수
발 행 처 | (주)영진닷컴
주 소 | 서울 금천구 가산디지털2로 123 월드메르디앙벤처센터 2차 10층 1016호
(우)08505

등 록 | 2007. 4. 27. 제16-4189호

값 16,000원

©2018., 2019. (주)영진닷컴

ISBN 978-89-314-5957-9

도서문의처 | http://www.youngjin.com

YoungJin.com Y.
영진닷컴

WorkFlowy 도구와 함께하는 〈생각하고 계획하고 일하라〉 원데이 강좌입니다.

생각 정리를 통해 계획을 세우고 일하는 법을 찾는 방법입니다. WorkFlowy 도구 사용 능력이 뛰어나지 않아도 됩니다. 생각 정리가 어렵거나 계획을 세워 놓고 미루기만 하거나, 일하는 법에 대해서 개선 방법을 찾고자 하는 분에게 큰 도움이 되는 강좌입니다. 특히 기획을 하는데 너무 오랜 시간이 걸리거나 완성하지 못하는 분들에게 '기획하는 법'을 소개합니다.

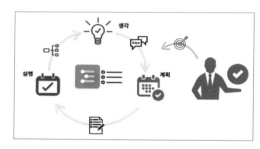

강좌 주제 : WorkFlowy로 일 잘하는 법 찾기 / **강의 시간** : 3h or 5h, 이론:실습 = 3:7

강의 목차

- 생각하고 계획하고 일하는 도구
- 생각 정리 – 효과적으로 아이디어 작성하기
- 하루 계획 – 체계적인 할 일 목록 만들기
- 실행하기 – 실패하지 않게 일하기
- 기획 작업 – 프로젝트, 강의, 책 쓰기

강의 대상

- 워크플로위 초보자
- 생각 정리를 잘하고자 하는 분
- 퇴근 시간을 지키고자 하는 분
- 미루는 습관을 해결하고자 하는 분
- 일과 기획을 잘하려는 분

해당 강의와 연동하는 다른 주제

- 1) 책이 되는 강의, 강의가 되는 책! – 책과 강의로 비즈니스를 만들고자 하는 분
- 2) 하루 계획을 통해 미루지 않는 습관 만들기 – 할 일 관리와 시간에 관심이 높은 분

강의 정보 링크 – http://sshong.com